So geht's – Logisch!

> *Kennt ihr mich noch?*
> *Ich heiße Dora und gebe euch Tipps zum Deutschlernen.*
> *Hier erkläre ich euch Logisch!*
> *Und die kennt ihr auch schon, die Freunde*
> *aus Logisch! A1.*

Kolja   Nadja   Jannik   Pia   Plato   Paul   Robbie   Anton

Symbole

 Hört die CD.   Schreibt ins Heft.

 Sprecht mit oder sprecht nach. Übt eure Aussprache.

 Zeigt, was ihr auf Deutsch machen könnt. Schreibt Texte, malt ein Bild oder klebt Fotos dazu. Sammelt diese Texte in eurem Portfolio. Ihr könnt euch aber auch mit dem Handy aufnehmen oder filmen.

Kursbuch und Arbeitsbuch

Zu jeder Aufgabe im Kursbuch gibt es eine Übung im Arbeitsbuch.

Zu Aufgabe **1** im Kursbuch gehört Übung **1** im Arbeitsbuch.

Einfach Logisch!

Es gibt vier Trainingskapitel.
In jedem Training im Kursbuch findet ihr eine Übersicht über die Grammatik. Ihr bekommt wichtige Tipps für die Fertigkeiten Hören, Lesen, Sprechen oder Schreiben und für Prüfungen auf Niveau A2. Außerdem gibt es Aufgaben für eure Kreativität und Fantasie mit Informationen über Deutschland, Österreich und die Schweiz.
Im Arbeitsbuch gibt es auch vier Trainingskapitel. Hier findet ihr Beispiele aus der FIT-Prüfung A2. Ihr könnt eure Deutschkenntnisse wie in der realen Prüfung testen.

Logisch! A2 – Inhalt

1 Nach den Ferien — 8

Aktivitäten استهجاء صحافة كفار
Zweifel ausdrücken | Briefe verstehen | buchstabieren |
Vermutungen ausdrücken التهجي
Wortschatz الانشطة
Freizeitaktivitäten | Zeitangaben
Grammatik الافعال منتظم معظم ا
Perfekt (I): regelmäßige Verben | *gern, lieber, am liebsten*
Aussprache تقدير
Betonung im Satz

2 In der Schule — 14

Aktivitäten
über Schule sprechen | sagen, dass man etwas nicht verstanden hat
Wortschatz
Schule, Vorlieben
Grammatik غير منتظم
Perfekt (II): unregelmäßige Verben | *Welch-?* im Akkusativ |
mein, dein, ... im Akkusativ
Aussprache
langes *e*, kurzes *e* und schwaches *e* بافتخار ضعيف

3 Freunde und Freizeit — 20

Aktivitäten
über Probleme sprechen | Ratschläge geben | sich verabreden |
Durchsagen und Ansagen verstehen
Wortschatz
Orte in der Stadt
Grammatik غير منفصل قابل للانفصال
würde + Infinitiv | Perfekt (III): trennbare und untrennbare Verben |
Sätze mit *wenn* عندما
Aussprache
Wortakzent bei Verben

4 Unterwegs — 26

Aktivitäten شرح الاجراءات اكتشاف
Ausreden finden | Abläufe erklären | sagen, dass man etwas nicht versteht
Wortschatz اولا
Verkehrsmittel | *zuerst, danach, dann, anschließend ...* وسائل النقل
Grammatik
Modalverben im Präteritum: *wollte, konnte, musste*
Aussprache
Auslautverhärtung

Training A — 32

Grammatikübersicht
Training für die Fertigkeit Hören
Am Rhein

5 Sport 38

Aktivitäten
über Sport sprechen | Personen beschreiben | kurze Mitteilungen schreiben
Wortschatz
Sportarten | Eigenschaften
Grammatik
Sätze mit *weil* | Vergleiche: *schneller als, so schnell wie* | Superlativ: *am schnellsten*
Aussprache
pf und *ts*

6 Kleidung und Farben 44

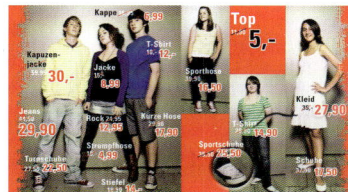

Aktivitäten
über Bilder sprechen | Preise erfragen und nennen | Meinungen ausdrücken
Wortschatz
Kleidung | Farben
Grammatik
Adjektive (I) mit dem bestimmten Artikel: *der blaue Pullover, den blauen Pullover*
Aussprache
au und *eu*

7 Freundschaften 50

Aktivitäten
Gefühle äußern | Treffpunkte planen | über Freundschaft sprechen
Wortschatz
Zeitangaben
Grammatik
Adjektive (II) mit dem unbestimmten Artikel: *ein arroganter Typ, einen großen Fehler* | Fragen in der Vergangenheit
Aussprache
Ich- und Ach-Laut

8 Familienfeste 56

Aktivitäten
über Feste sprechen | auf eine Einladung reagieren | Freude und Ärger ausdrücken
Wortschatz
Essen und Trinken | Datum und Ordinalzahlen
Grammatik
bestimmte Artikel im Dativ: *dem/der/den* | reflexive Verben: *sich freuen*
Aussprache
schwaches *e* und schwaches *a*

Training B 62

Grammatikübersicht
Training für die Fertigkeit Lesen
Stars und Promis

9 Mein Geld, meine Sachen   68

Aktivitäten
über Geld sprechen | Lieblingsdinge beschreiben | Wörter umschreiben
Wortschatz
persönliche Sachen
Grammatik
Sätze mit *dass* | *dieser, diese, dieses* im Nominativ und Akkusativ |
ein, eine im Dativ | *mein, dein, ...* im Dativ
Aussprache
-r- und *-er*

10 So wohne ich   74

Aktivitäten
Zimmer und Orte beschreiben | Wünsche äußern: *... hätte gern ...*
Wortschatz
Möbel | *legen, stellen, hängen ...*
Grammatik
Wechselpräpositionen: *auf den Tisch stellen, auf dem Tisch stehen* |
indirekte Frage
Aussprache
b oder *w*

11 Stadtgeschichten   80

Aktivitäten
über Städte sprechen | Formulare verstehen | einen Weg beschreiben
Wortschatz
Zahlen bis eine Million | Jahreszahlen | Orte in der Stadt
Grammatik
Modalverb *dürfen, nicht dürfen* | Adjektive im Dativ | Sätze mit *denn*
Aussprache
Ein kleiner Unterschied: *m* und *n*

12 Raus in die Natur   86

Aktivitäten
Gefühle ausdrücken | SMS verstehen | eine Geschichte erzählen
oder schreiben
Wortschatz
Aktivitäten in der Natur | Wetter
Grammatik
sondern | *deshalb/darum* und *trotzdem* | Vergleichssätze mit *als* und *wie*
Aussprache
Wortakzent |

Training C   92

Grammatikübersicht
Training für die Fertigkeit Sprechen
Am größten, am höchsten, …

13 Cool und fit? 98

Aktivitäten
Aussehen und Veränderungen beschreiben | von einem Unfall berichten | andere kritisieren
Wortschatz
Arztbesuch | Krankheit und Verletzung
Grammatik
Hauptsätze mit Konjunktionen | Nebensätze mit *dass, weil, wenn* | Modalverb *sollen*
Aussprache
Wortakzent II

14 Elektronische Freunde 104

Aktivitäten
über Medien sprechen | jemanden höflich bitten oder auffordern | Anzeigen verstehen
Wortschatz
Kommunikations- und Unterhaltungsmedien | Zeitangaben und Jahreszahlen
Grammatik
Modalverben im Präteritum | Verben mit Dativ und Akkusativ: *Ich gebe dir einen Tipp.*
Aussprache
Betonung in Aufforderungen

15 Nach der Schule 110

Aktivitäten
über Berufe sprechen | Berufswünsche äußern | eine Radioreportage verstehen
Wortschatz
Berufe
Grammatik
Zeitangaben mit Präpositionen | *also* | *werden* als Vollverb | Ortsangaben mit Präpositionen
Aussprache
Satzmelodie

16 Finale 116

Wiederholungsspiel
Grammatik und Wortschatz wiederholen
Ein Schuljahr in D - A - CH
Austauschschüler in Deutschland, Österreich und der Schweiz
Unsere Klassenzeitung
Gemeinsam eine Klassenzeitung schreiben

Training D 122

Grammatikübersicht
Training für die Fertigkeit Schreiben
Die Radtour

1

Wir lernen:
Freizeitaktivitäten | Zweifel ausdrücken | Zeitangaben | Briefe verstehen | Vermutungen ausdrücken
Perfekt (I): regelmäßige Verben | *gern, lieber, am liebsten*

Nach den Ferien

1 **Meine Ferien**

a Seht die Fotos an und hört die Szenen. Welches Bild passt? Was machen die Personen?

1.2

wandern   segeln   campen   angeln   grillen

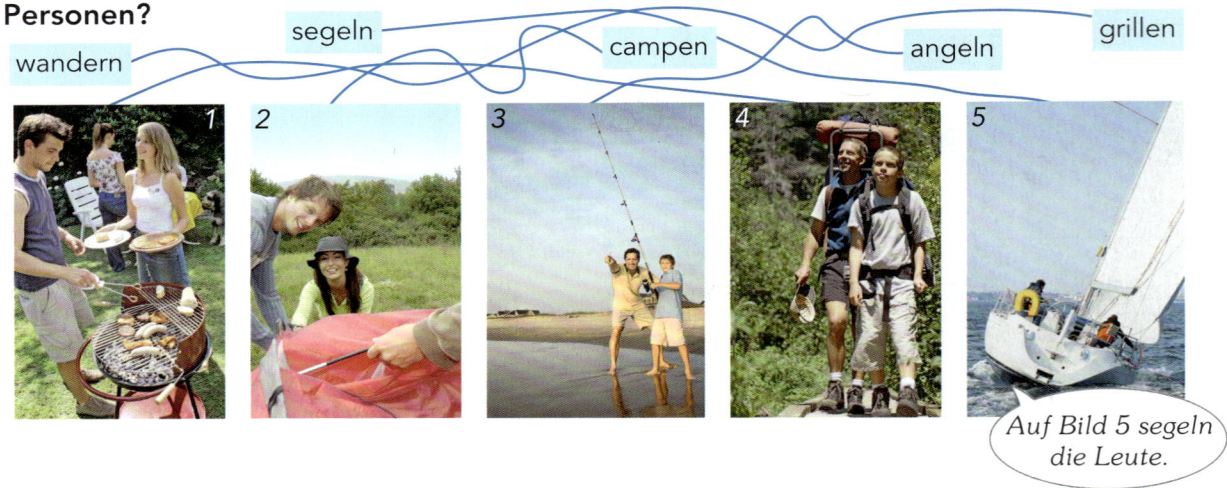

> Auf Bild 5 segeln die Leute.

b Was kann man in den Ferien noch machen?
Sammelt zu zweit und vergleicht in der Klasse.

> *lange schlafen, Eis essen, …*

c Was macht ihr in den Ferien gern? Sprecht in der Klasse.

- Wanderst du gern?

- Was machst du in den Ferien gern?

- Was machst du am liebsten?

□ Ja, sehr gern.
■ Nein, ich schwimme lieber.
○ Ich spiele gern Volleyball.
   Aber noch lieber surfe ich.
▷ Am liebsten schlafe ich.
▶ Ich finde Camping super.
○ Ich bin am liebsten am Meer.

☺ gern
☺☺ lieber
☺☺☺ am liebsten

▶LHB **d** Wer macht das auch gern?
Fragt die anderen Schüler
und findet zwei Partner.

> Ich spiele gern Tennis. Du auch, Carola?

> Ja, ich spiele auch gern Tennis.

> Und du, Mark, spielst du gern Tennis?

> Nein, ich spiele lieber Fußball.

2 Ist das wahr?

a Seht die Fotos an und hört das Gespräch. Ratet in der Klasse: Was ist wahr, was nicht?

1.3

Also, ich habe einen Fisch geangelt. 2 Meter lang!

Echt? Und ich bin allein nach England gesegelt.

Wirklich? Ich habe 2 Wochen gecampt und ich habe einen Wolf gerettet.

· ·
Das glaube ich nicht. • Das kann nicht stimmen. • Das kann nicht sein. • Das ist nicht wahr.
Echt? • Wirklich? • Das stimmt vielleicht. • Ja, vielleicht ist das wahr. • Das ist wahr.
· ·

Einen Fisch? Das glaube ich nicht.

b Was erzählen die Jungen? Macht Sätze und schreibt sie ins Heft.

einen Wolf	geangelt
nach England	gecampt
einen großen Fisch	gerettet
2 Wochen	gesegelt

Perfekt: regelmäßige Verben
ich habe **ge**camp**t**
er hat **ge**angel**t**
er **ist ge**segel**t**

Von A nach B: Perfekt mit „sein".

Ein Junge hat einen großen Fisch geangelt.

3 Was habt ihr in den Ferien gemacht?
Macht Sätze.

Ich habe	einen Schuh	gespielt.
	sieben Stunden	gecampt.
	Fußball / …	geangelt.
	allein im Wald	gesurft.
Ich bin	auf Hawaii	gejoggt.
	ohne Schuhe	gemacht.
	nichts / viel	getanzt.
	…	…

Ich habe einen Schuh geangelt.

Ich bin sieben Stunden gejoggt.

4 Gerettet!

a Lest den Artikel aus der Zeitung. Wer ist Tim?

Schüler rettet Wolf

Seit ein paar Jahren gibt es wieder Wölfe in Mecklenburg und manchmal brauchen sie Hilfe.

Der Schüler Tom K., 14 Jahre alt, hat Ferien in Mecklenburg gemacht. Am Samstag nach dem Frühstück ist Tom allein im Wald gewandert und hat ein Weinen gehört. Er hat eine halbe Stunde gesucht. Und … was für ein Schreck: Ein junger Wolf war schwer verletzt in einer Falle. Der Wolf war schon schwach und hat Hilfe gebraucht. Tom hat mit seinem Handy Hilfe geholt. Polizei und Feuerwehr waren nach zehn Minuten da.

Der Wolf heißt jetzt Tim und war zuerst drei Tage in einer Tierklinik. Heute lebt er in einem Wildpark und bleibt dort. In den nächsten Ferien will Tom wieder nach Mecklenburg kommen und Tim besuchen.

 b Lest die Fragen und sucht die Antworten im Text. Schreibt die Antworten ins Heft.

1. Warum war Tom in Mecklenburg?
2. Was hat Tom allein im Wald gemacht?
3. Warum hat er etwas gesucht?
4. Was hat Tom dann gemacht?
5. Wo ist der Wolf jetzt?

Bei „haben" und „sein" nimmt man Präteritum: Ich war im Wald und hatte Angst.

1. Tom hat dort Ferien gemacht.

c Was passiert in der Geschichte? Macht Kärtchen. Achtet auf die Zeitform.

Hilfe brauchen • ein Weinen hören • Ferien machen
in der Tierklinik sein • im Wald wandern • Hilfe holen
Tim besuchen wollen • eine halbe Stunde suchen
in einer Falle sein • schwach und verletzt sein
in einem Wildpark leben

Perfekt im Satz

Tom (hat) Hilfe (geholt.)
Er (ist) im Wald (gewandert.)

hat Hilfe gebraucht

war in der Tierklinik

will Tim besuchen

d Arbeitet in Gruppen. Sortiert die Kärtchen und erzählt die Geschichte.

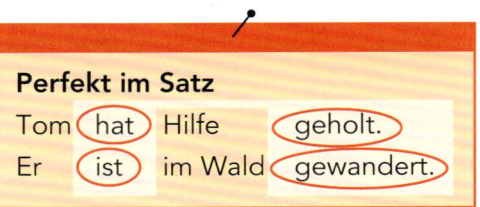

Tom hat Ferien gemacht.

5 Antons Ferien

1.4

a Hört das Gespräch. Wo war Anton in den Ferien?

b Hört das Gespräch noch einmal und macht Notizen an der Tafel. Was hat Anton wann gemacht?

> *Nach dem Frühstück: Sport machen*
> *Am Vormittag*
> *Am Mittag*
> *Am Nachmittag*
> *Vor dem Abendessen*
> *Nach einer Woche*

> mit Bällen üben • putzen • kochen •
> eine Pyramide bauen • Sport machen •
> zaubern • Ordnung machen

c Erzählt in der Klasse.

> *Nach dem Frühstück hat Anton Sport gemacht.*

6 Feriengrüße

a Lest den Brief. Was bekommt Antons Oma?

Glücksdorf, den 11.07.2011

Liebe Oma,

im Zirkuscamp war es wirklich toll. Ich habe viel gelernt. Wir haben mit Bällen geübt, Akrobatik gemacht und eine Pyramide gebaut. Ich kann jetzt auch schon viel besser zaubern! Nur das Wetter war schlecht. Es hat die ganze Woche geregnet.

Ich schicke dir ein kleines Souvenir aus dem Zirkus. Die Clownsnase habe ich extra für dich gekauft. Du feierst doch so gern Karneval!!!

Wie geht es dir?
Komm uns doch bald wieder besuchen.

Viele Grüße
dein Anton

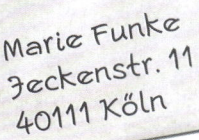

Anton Kern
Kronenstr. 77
54321 Glücksdorf

Marie Funke
Jeckenstr. 11
40111 Köln

b Was schreibt man in einem Brief am Anfang, was am Ende? Sortiert im Heft.

> Tschüs • Dein/Deine ... • Liebe ..., • Herzliche Grüße •
> Lieber ..., • Liebe Grüße • Hallo ..., • Viele Grüße • Bis bald

7 Betonung im Satz

a Hört die Sätze. Was ist betont? Sprecht nach und klopft die Betonung.

Hast du Oma die Nase geschickt?

b Hört die Sätze A, B und C. Achtet auf die Betonung. Welche Antwort passt?

1. Nein, das war Maria.
2. Nein, die habe ich gestern gemacht.
3. Nein, die habe ich noch nicht gemacht.

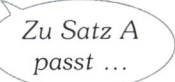
Zu Satz A passt …

c Sprecht und klopft die Betonung. Was ist betont? Die Fragewörter helfen euch.

1. Was?   Ich habe eine Postkarte gekauft.
2. Wann? Lisa war in den Ferien in Berlin.
3. Wer?   Tom hat den Wolf gerettet.
4. Wo?   Anton war in einem Zirkuscamp.
5. Was?   Er zaubert gern.

d Hört zur Kontrolle. Sprecht nach und klopft die Betonung.

8 Souvenirs, Souvenirs!

▶LHB **a** Seht die Souvenirs an. Woher sind sie?

aus Österreich • vom Meer • aus Russland • aus den Alpen • aus dem Garten • aus Berlin • …

Vielleicht …

Ich glaube, das ist …

Wahr-scheinlich …

Oder es ist …

b Bringt ein Souvenir mit. Sprecht in Gruppen und ratet: Woher kommen die Souvenirs?

c Erzählt in der Gruppe von eurem Souvenir. Nehmt euch mit dem Handy auf, wenn ihr wollt.

Was ist das? • Woher kommt es? • Wer hat es geschenkt? • Seit wann hast du es?

Kannst du das schon?

Freizeitaktivitäten
– Ich spiele gern Volleyball/Tennis/Fußball.
– Ich schwimme gern. / Ich tanze gern. / Ich surfe gern.

gern, lieber, am liebsten
– Ich wandere gern. Aber lieber schwimme ich.
– Ich tanze nicht so gern. Ich spiele lieber Fußball.
– Am liebsten schlafe ich.
– Ich finde Segeln super.

Zweifel ausdrücken
– Das glaube ich nicht. / Das ist nicht wahr. / Das kann nicht stimmen. / Das kann nicht sein.
– Das stimmt vielleicht. / Vielleicht ist das wahr.

Perfekt (I): regelmäßige Verben
– angeln – er hat geangelt / campen – ich habe gecampt / retten – er hat gerettet / spielen – sie hat gespielt
– segeln – er ist gesegelt / joggen – wir sind gejoggt

Zeitangaben im Tagesablauf
– Nach dem Frühstück mache ich Sport.
– Am Vormittag bin ich in der Schule.
– Am Mittag …
– Am Nachmittag …
– Vor dem Abendessen …

Briefe verstehen
– Liebe/Lieber …, / Hallo …,
– Tschüs / Liebe Grüße / Viele Grüße / Herzliche Grüße / Bis bald, dein/deine / Dein/Deine …

Vermutungen ausdrücken
– Vielleicht kommt es aus Berlin.
– Wahrscheinlich ist es eine Schokolade aus Österreich.
– Ich glaube, das ist eine Flasche aus China.

– Wirklich?
– Ja, sehr gern.
– Das glaube ich nicht.

Noch einmal, bitte

Freizeitaktivitäten
Was macht ihr gern? Macht drei Sätze.

gern, lieber, am liebsten
Was machst du gern? Was machst du lieber? Was machst du am liebsten?

Zweifel ausdrücken

Ich bin 7 Stunden gejoggt.

Ihr glaubt das nicht. Macht drei Sätze.

Perfekt (I)
Nennt das Perfekt: *angeln, campen, retten, spielen, segeln, joggen*

Zeitangaben
Was macht ihr wann? Schreibt fünf Sätze zu eurem Tag.

Briefe verstehen
Was steht am Anfang und am Ende eines Briefs? Schreibt auf.

Vermutungen ausdrücken
Ihr bekommt ein Souvenir. Was ist das? Woher kommt es? Notiert drei Vermutungen.

Wirklich?

2

Wir lernen:
über Schule sprechen | Vorlieben ausdrücken | sagen, dass man etwas nicht verstanden hat
Perfekt (II): unregelmäßige Verben | *Welch-?* im Akkusativ | *mein, dein, …* im Akkusativ

In der Schule

1 Janniks erster Schultag

▶LHB **a Was hat Jannik am ersten Schultag gemacht? Ordnet die Sätze den Bildern zu.**

1

2

3

Satz A passt zu Bild 1.

A Jannik hat seinen Freund Max gesehen.
B Jannik und Nadja haben Pizza gegessen.
C Jannik ist mit der Mutter zur Schule gegangen.

D Die Mutter hat Jannik in die Klasse gebracht.
E Die Lehrerin hat mit Jannik gesprochen.
F Jannik hat Nintendo gespielt.

b Was hat Max gemacht? Macht Sätze und hört zur Kontrolle. Wie heißt der Infinitiv zu den Verben?
1.8

1

2

3

4

Lernt das Verb und die Perfektform zusammen! „sehen – gesehen"

Max (hat) seinen Freund Jannik (gesehen).
→ sehen

…

Perfekt: unregelmäßige Verben
sehen   ge – seh – **en**
sprechen ge – **sproch** – **en**
bringen   ge – **brach** – t

2 Wisst ihr das noch?

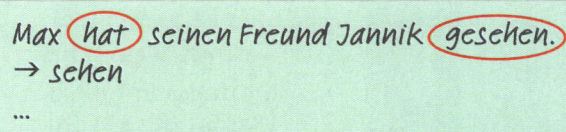 **Was habt ihr am ersten Schultag gemacht? Lest die Fragen und schreibt ins Heft.**

1. Wer hat dich in die Schule gebracht?
2. Welche Freunde hast du getroffen?
3. Haben dir deine Eltern etwas geschenkt?

3 Das hat total genervt!

1.9

a Lest die Texte 1–3. Hört das Gespräch. Was erzählt Nadja? Welcher Text passt?

1. Gestern war Janniks erster Schultag. Die Oma hat ihm
   eine Schultüte gegeben. Nadjas Tag war auch schön.
2. Jannik ist zum ersten Mal in die Schule gegangen.
   Dann haben alle in der Pizzeria gegessen.
   Die Mutter hat eine Party organisiert.
3. Papa hat Jannik ein Computerspiel geschenkt.
   Die Mutter hat für Jannik und Nadja Klamotten gekauft.
   Der erste Schultag von Jannik war schön.

b Was war an Janniks erstem Schultag?
Was passt zusammen?

> gegeben • geschenkt • organisiert • passiert • gekommen

Was ist an Janniks Schultag ...?
Mutter hat Jannik eine Schultüte ...
Nach der Schule ist Oma ...
Oma hat Jannik ein Spiel ...
Die Mutter hat eine Party ...

Perfekt: Verben mit -ieren
organisieren – organisiert
Sie hat eine Party organisiert.
passieren – passiert
Was **ist** passiert?

4 Der Bleistift steht am Montag auf.

▶LHB **Arbeitet zu dritt. Jeder schreibt ein Wort auf eine Karte. Macht mit den Wörtern
einen Satz.**

| Hausaufgaben | Freunde | regnen |
| aufstehen | Bleistift | Montag |

> Meine Freunde
> machen Hausaufgaben.
> „regnen" passt
> nicht.

> Der Bleistift steht
> am Montag auf.☺

5 Langes e, kurzes e und schwaches e

1.10

a Lang oder kurz? Hört die Wörter und sortiert im Heft.

> reden • essen • treffen • geben • kennen •
> sehen • schenken • denken • gehen • lesen

langes e	kurzes e
reden	essen

1.11

b Schwaches e bei -e, -en und ge-. Hört und sprecht mit.

ich esse – ich habe gegessen • ich treffe – ich habe getroffen • ich gebe – ich habe gegeben •
ich sehe – ich habe gesehen • ich lese – ich habe gelesen

1.12

c Wo spricht man ein schwaches e? Sprecht leise. Kontrolliert mit der CD.

Er ist nach Hause gegangen. • Ich treffe heute Inge. • Hast du Helge getroffen? • Ich habe meine
Zeitung gelesen. • Ich kenne eine Geschichte. • Ich habe meine Freunde gesehen.

6 Projektwoche

a Lest das Programm für die Projektwoche. In welchen Fächern gibt es Projekte? Notiert das Fach und wichtige Wörter.

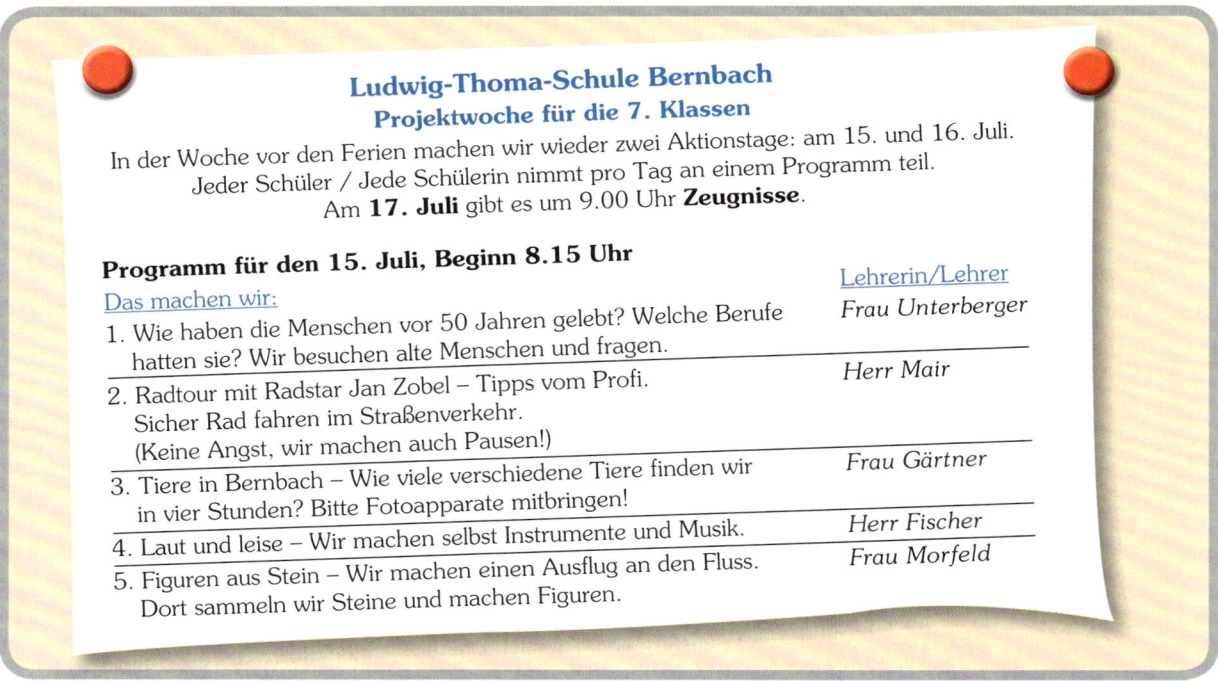

Ludwig-Thoma-Schule Bernbach
Projektwoche für die 7. Klassen
In der Woche vor den Ferien machen wir wieder zwei Aktionstage: am 15. und 16. Juli.
Jeder Schüler / Jede Schülerin nimmt pro Tag an einem Programm teil.
Am **17. Juli** gibt es um 9.00 Uhr **Zeugnisse**.

Programm für den 15. Juli, Beginn 8.15 Uhr

Das machen wir:	Lehrerin/Lehrer
1. Wie haben die Menschen vor 50 Jahren gelebt? Welche Berufe hatten sie? Wir besuchen alte Menschen und fragen.	Frau Unterberger
2. Radtour mit Radstar Jan Zobel – Tipps vom Profi. Sicher Rad fahren im Straßenverkehr. (Keine Angst, wir machen auch Pausen!)	Herr Mair
3. Tiere in Bernbach – Wie viele verschiedene Tiere finden wir in vier Stunden? Bitte Fotoapparate mitbringen!	Frau Gärtner
4. Laut und leise – Wir machen selbst Instrumente und Musik.	Herr Fischer
5. Figuren aus Stein – Wir machen einen Ausflug an den Fluss. Dort sammeln wir Steine und machen Figuren.	Frau Morfeld

Geschichte: alte Menschen, Berufe, Leben vor 50 Jahren

1.13

b Hört das Gespräch. Was machen Petra und Andreas? Was mögen sie, was mögen sie nicht?

> Petra findet das Sportprogramm …

c Hört das Gespräch noch einmal. Welche Ausdrücke hört ihr?

1. … mag ich (total) gern. • 2. Das mag ich nicht. • 3. Das finde ich klasse.
4. Es geht. • 5. Das finde ich blöd. • 6. Das gefällt mir nicht.
7. Das gefällt mir besonders gut! • 8. Das ist doch toll! • 9. Ich weiß nicht.
10. Ich mache lieber … • 11. Ich mag lieber …

> Ich habe Nummer 1 gehört: Musik mag ich gern.

d ☺, 😐 oder ☹? Ordnet die Ausdrücke aus Aufgabe 6c. Schreibt sie ins Heft.

☺	😐	☹
… mag ich gern.		

> Wir machen eine Umfrage. Das Thema: "Wer braucht Mathe?"

> Das finde ich klasse!

> Das gefällt mir nicht.

7 Eure Projekte
Arbeitet in Gruppen. Jede Gruppe sammelt Projekt-Ideen. Stellt die Ideen vor. Welche Idee findet ihr am besten?

8 Zwei Projektgruppen berichten

a Lest die Texte. Was hat den Schülern am besten gefallen?

Wir waren in der Bäckerei und haben mit dem alten Bäcker Johann gesprochen. Er hat Fotos gezeigt. Viele Leute haben früher nur eine Sorte Brot gekauft: Schwarzbrot und nur manchmal Weißbrot für den Sonntag. Nur wenige Leute haben Brötchen gegessen. Sie waren zu teuer. Johann sagt, heute ist das Brot nicht mehr gut. Er hat mit uns Brezeln gebacken. Das ist gar nicht einfach! Unsere Brezeln haben ganz toll geschmeckt. (Ines, Mara und Josip)

Das haben Mehmet und ich gemacht. Wir haben viele Steine gesammelt: groß und klein, in allen Farben. Und dann haben wir Figuren gebaut. Wisst ihr, was das auf dem Foto ist? Die Figur heißt Lenny. Wir haben ein Foto von Lenny gemacht. Und dann haben wir die Steine ins Wasser geworfen, Stück für Stück. Das hat echt Spaß gemacht. (Mehmet und Jan)

b Lest die Fragen und sucht die Antworten in den Texten. Arbeitet zu zweit.

1. Welches Projekt haben die Schüler gemacht?
2. Welche Sorte Brot haben die Leute gekauft?
3. Was haben Ines, Mara und Josip gebacken?
4. Was haben die Schüler gesammelt?
5. Welchen Namen hat die Figur?
6. Wie findet Johann jetzt das Brot?

Ines, Mara und Josip haben mit dem Bäcker …

9 Umfrage in der Klasse: Unsere Schule

 a Arbeitet in Gruppen. Schreibt fünf Fragen für die Umfrage ins Heft.

Welchen … findest du gut/schlecht?
Welches … magst du / magst du nicht?
Welche … möchtest du …?

das Buch • der Lehrer • die Hausaufgabe
die Lehrerin • die Sprache • die Note • das Fach
das Spiel • das Projekt • der Wochentag • Ferien

1. Welche Sprache möchtest du lernen?
2. Welchen …?

Welch-? im Akkusativ

der Wochentag	Welch**en** Wochentag …?
das Fach	Welch**es** Fach …?
die Note	Welch**e** Note …?
die Projekte	Welch**e** Projekte …?

b Fragt die Schüler in den anderen Gruppen. Stellt das Ergebnis in der Klasse vor.

Drei Schüler möchten Chinesisch lernen. Fünf wollen …

Viele finden …

10 Viel zu laut!

1.14

a Welche Ausdrücke hört ihr? Macht Notizen und vergleicht in der Klasse.

A Können Sie das bitte wiederholen?
B Sprich ein bisschen lauter, bitte.
C Wie bitte? Ich verstehe dich nicht.
D Bitte?
E Was hast du gesagt?

F Noch mal!
G Das habe ich nicht verstanden.
H Entschuldigung, was haben Sie gesagt?
I Noch einmal, bitte!
J Sprich bitte deutlicher.

b Aufräumen nach dem Projekt. Wer sagt was? Lest die Sprechblasen und ordnet zu.

Das ist ja ein Chaos! Holt eure Sachen, bitte!

Hat jemand meinen Schlüssel gesehen?

Nadja, ich habe dein Handy gefunden!

Brauchen Sie Ihre Brille nicht mehr, Frau Müller?

Frau Müller sagt, …

c Jeder sucht seine Sachen. Ordnet die Sätze und schreibt sie ins Heft.

Ich suche
Nadja, ich habe
Paul findet
Frau Müller, ich habe
Pia braucht
Habt ihr jetzt

sein Heft.
eure Sachen?
deinen Ohrring!
meine Tasche.
ihren Farbstift.
Ihre Brille!

Ich suche meine Tasche.

mein, dein, sein, … im Akkusativ	
Ich suche	mein**e** Tasche.
Suchst du	dein**e** Uhr?
Kolja sucht	sein**en** Schlüssel.
Nadja findet	ihr Handy.
Holt	eur**e** Sachen!
Brauchen Sie	Ihr**e** Brille?

11 Wie bitte?

Sammelt von allen Schülern einen Gegenstand ein. Mischt die Sachen und verteilt sie in der Klasse. Geht im Klassenzimmer herum und sucht euren Gegenstand. Verwendet die Ausdrücke aus 10a, b und c.

Ich suche mein Handy.

Was hast du gesagt?

Hast du mein Handy?

Noch einmal, bitte!

Ich habe meinen Schlüssel verloren.

Entschuldigung, was hast du …

Kannst du das schon?

über Schule sprechen

– Ich bin zur Schule gegangen.
– Ich habe meine Freunde gesehen/getroffen.
– Ich habe mit der Lehrerin / mit dem Lehrer gesprochen.
– In Biologie/… haben wir ein Projekt gemacht.

über Schule sprechen

Was habt ihr am ersten Schultag gemacht? Macht drei Sätze.

Vorlieben ausdrücken

– Biologie/… mag ich gern / mag ich nicht.
– Deutsch/… gefällt mir (gut) / gefällt mir nicht.
– Die Lehrerin / Den Lehrer in Mathe/… finde ich gut / nicht gut.

Vorlieben ausdrücken

Macht vier Sätze zum Thema Schule:
Was magst du? Was gefällt dir?
Was findest du gut? Was nicht?

sagen, dass man etwas nicht verstanden hat

– Kannst du das bitte wiederholen?
– Entschuldigung, was hast du gesagt?
– Wie bitte? Ich verstehe dich nicht.
– Noch einmal, bitte!

sagen, dass man etwas nicht verstanden hat

Es ist laut. Ihr versteht etwas nicht. Fragt dreimal nach.

Perfekt (II): unregelmäßige Verben

– Ich bin heute in die Schule gegangen.
– Ich habe Freunde getroffen.
– Ich habe ein Buch gelesen.
– Ich bin nach Hause gekommen.
– Ich habe Spaghetti gegessen.

Perfekt (II)

Macht fünf Sätze im Perfekt:
in die Schule gehen, Freunde treffen, ein Buch lesen, nach Hause kommen, Spaghetti essen

Welch-? im Akkusativ

– Welche Sprache lernst du?
– Welche Note hast du in Deutsch?
– Welchen Wochentag magst du nicht?
– Welche Fächer findest du gut?

Welch-? im Akkusativ

Macht Fragen mit *welch-*:
Sprache lernen, Note in Deutsch haben, Wochentag nicht mögen, Fächer gut finden

mein, dein, … im Akkusativ

– Ich suche meinen Stift.
– Wo hast du deine Tasche?
– Kolja findet sein Handy.
– Nadja sucht ihren Ohrring.
– Wo habt ihr eure Sachen?
– Frau Müller, brauchen Sie Ihren Schlüssel?

mein, dein, … im Akkusativ

Ergänzt die Sätze:
Ich suche … Stift. Wo hast du … Tasche? Kolja findet … Handy. Nadja sucht … Ohrring. Wo habt ihr … Sachen? Frau Müller, brauchen Sie … Schlüssel?

– Wie bitte? Was hast du gesagt?
– Entschuldigung, was haben Sie gesagt?
– Das finde ich klasse!
– Das hat total genervt!

Wie bitte?

3

Wir lernen:
über Probleme sprechen | Ratschläge geben | sich verabreden | Orte in der Stadt | Durchsagen und Ansagen verstehen
würde + Infinitiv | Perfekt (III): trennbare und untrennbare Verben | Sätze mit *wenn*

Freunde und Freizeit

1 Probleme

a Welche Probleme haben Jugendliche? Ordnet zu.

A Streit mit den Eltern **B** Probleme mit der Liebe **C** Probleme in der Schule **D** zu wenig Taschengeld

Auf Bild 1 hat der Junge ...

b Hört die Dialoge und ordnet sie den Bildern zu.

1.15

▶LHB **c Hört die Dialoge noch einmal und beschreibt die Situationen. Die Wörter helfen.**

1. ins Kino gehen wollen – keine Karten kaufen können – zu wenig Taschengeld bekommen
2. zu spät nach Hause kommen – Eltern besorgt sein – Ärger mit den Eltern haben
3. eine Fünf im Diktat bekommen – (oft) nicht genug lernen – Angst vor den Eltern haben
4. verliebt sein – das Mädchen sieht den Jungen nicht – deprimiert sein

2 So ein Ärger!

Wählt zu zweit ein Problem. Schreibt eine kleine Szene und spielt sie in der Klasse.

Zeugnis ist schlecht • Ärger mit den Lehrern haben • Hausaufgaben sind zu schwer •
Zimmer aufräumen • keinen Computer haben • fernsehen wollen • streiten

3 Nadjas Problem

a Lest den Beitrag von Nadja. Welche Sätze sind richtig? Schreibt sie ins Heft.

> Hallo Leute,
> ich habe Probleme mit meiner Freundin. Ich mag sie sehr gern und wir machen viel in unserer Freizeit zusammen. Aber sie kann meinen Freund nicht leiden. Sie sagt: Er ist egoistisch und denkt nur an seine Musik.
> Ich möchte so gern etwas mit ihr UND mit meinem Freund machen. Tanzen, kochen, schwimmen – egal. Aber sie ist dagegen. Was kann ich tun? Habt ihr eine Idee?

Naddi2408

1. A Nadja mag ihre Freundin Pia nicht mehr.
   B Pia mag Nadjas Freund Robbie nicht.
2. A Pia sagt: Robbie denkt nicht an andere Menschen.
   B Nadja sagt: Robbie denkt nur an seine Musik.
3. A Nadja möchte mit Robbie allein sein.
   B Nadja möchte mit Pia und Robbie etwas machen.

> *1. Pia mag ...*

b Welche Antworten passen zu Nadjas Beitrag? Wählt aus. Zwei passen nicht.

Maxi67	Ich würde mit ihr über das Problem sprechen. Macht doch einen Mädchentag zu zweit.
Frosch	Deine Freundin kann ja in den Ferien tanzen, kochen und schwimmen.
KallD	Ich würde mit ihnen und anderen Freunden etwas machen (Camping, Volleyball, …). Dort sind sie zusammen, aber auch andere Freunde sind da. So lernen sie sich besser kennen.
JCF007	Sie mag ja Musik. Ich würde ihr vielleicht eine CD schenken.
Lexo	Ganz klar! Sie müssen sich besser kennenlernen. Sie können sich ja „zufällig" treffen. ;-)

> *Die Antwort von Maxi67 passt. Aber die Antwort von …*

4 Gute Ratschläge

▶LHB **a** Arbeitet zu dritt. Jeder schreibt drei Probleme auf Karten. Macht zu jedem Problem auch eine Karte mit einem Tipp.

> *eine Sechs in Mathe*

> *viel üben*

b Tauscht eure Karten mit einer anderen Gruppe. Legt die Problem-Karten in die Mitte. Mischt alle Tipp-Karten. Jeder bekommt drei. Lest ein Problem. Wer kann einen Tipp geben?

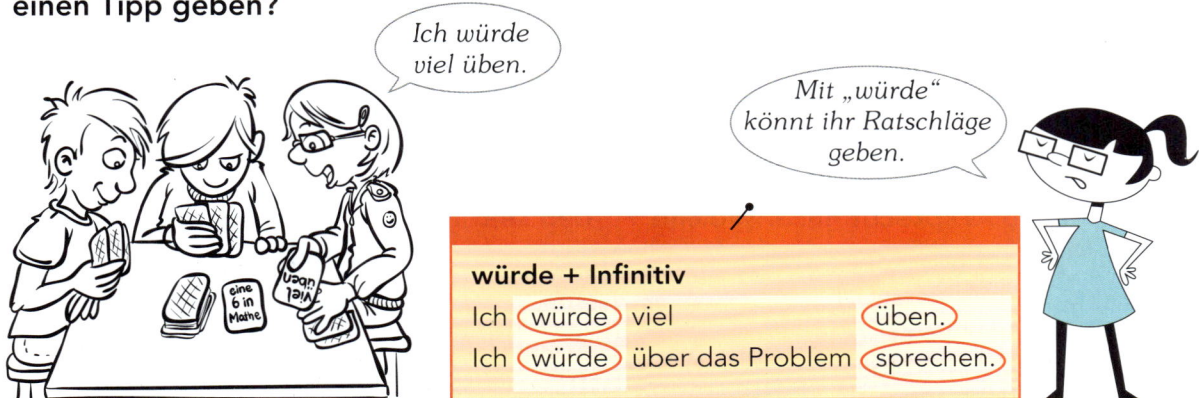

> *Ich würde viel üben.*

> *Mit „würde" könnt ihr Ratschläge geben.*

würde + Infinitiv		
Ich (würde) viel		(üben).
Ich (würde) über das Problem		(sprechen).

3

5 Mädchentag

a Pia erzählt vom Mädchentag. Ordnet die Sätze den Bildern zu.

A  B

C  D

Zu Bild A passt Satz …

1. Dann hat Robbie mich besucht. Und er hat Plato mitgebracht!
2. Ich habe Nadja abgeholt. Wir sind im Park spazieren gegangen. Ich habe Plato mitgenommen.
3. Nadja hat mich am Sonntag angerufen. Sie hat mir einen Mädchentag versprochen. Nur wir zwei!
4. Plötzlich ist Plato weggelaufen. Wir haben ihn überall gesucht. Aber wir haben ihn nicht gefunden. Ich bin total traurig nach Hause gegangen.

 b Wie erzählt Nadja die Geschichte? Schreibt sie ins Heft.

Ich habe Pia am Sonntag angerufen. Ich habe ihr …

Perfekt

trennbare Verben	untrennbare Verben
an|rufen → an**ge**rufen	versprechen → verspr**o**ch**en**
ab|holen → ab**ge**holt	besuchen → besuch**t**
mit|nehmen → mit**ge**nomm**en**	

c Lest die Ratschläge in Aufgabe 3b noch einmal. Was hat Nadja gemacht?

6 Wortakzent bei Verben

 1.16 **a Hört und sprecht nach. Wo sind trennbare Verben betont, wo sind untrennbare Verben betont?**

A abholen – ich hole ab – abgeholt
mitbringen – ich bringe mit – mitgebracht
weglaufen – ich laufe weg – weggelaufen

B versprechen – ich verspreche – versprochen
entschuldigen – ich entschuldige – entschuldigt
erzählen – ich erzähle – erzählt

 1.17 **b Hört und sprecht nach. Welche Verben sind trennbar, welche nicht? Macht eine Tabelle ins Heft.**

 aufräumen, verabreden, ansprechen, vergessen, weggehen, bekommen, abholen, anfangen, verstehen, beschreiben

trennbar	untrennbar
aufräumen	…

7 Jungentag?

a Seht die Angebote an. Hört dann den Dialog. Was schlägt Tom vor?

11.

Osterstraßenfest

- mit Flohmarkt
- mit vielen Konzerten
- mit Quiz für alle

14.04., ab 16 Uhr

Samstag, 14.04.

Palast-Kino:
Breaking Dawn – Bis(s) zum
Morgengrauen, 16.30 Uhr

Nautilus-Aquarium:
Fische füttern, 15 Uhr

Disco im Juze

jeden Samstag
mit *DJ Luna*

ab 18 Uhr, kostenlos

Einladung
zum Geburtstag

BSV Sporthalle
täglich von 8 bis 22 Uhr geöffnet

Theater Butze
präsentiert

Das Dschungelbuch
● ● ● ● ● ● ●

14.04., 14 Uhr

Tom will in die ...

Tom schlägt Kino vor.

b Hört noch einmal. Schreibt die richtige Reihenfolge an die Tafel.

Wir gehen auf das Straßenfest. • Linus schwitzt. • Wir gehen ins Kino. • Wir gehen ins Aquarium. • Wir gehen in die Disco. Das macht zu zweit keinen Spaß. • Es regnet heute Nachmittag. Linus tanzt nicht gut. • Wir nehmen noch andere Freunde mit. Linus hat keine Lust. • Wir spielen in der Sporthalle Basketball.

Wir gehen ins Kino.
→ Linus hat keine Lust.
Wir gehen in die ...

 c Wie sagt Tom die Sätze in b? Schreibt ins Heft.

Wir gehen in die Disco, wenn du keine Lust auf Kino hast.
Wir gehen auf das Straßenfest, wenn du nicht gut tanzt. ...

Sätze mit wenn

Wir (gehen) in die Disco.   Du (hast) keine Lust auf Kino.

Wir (gehen) in die Disco, **wenn** du keine Lust auf Kino (hast).

hast

8 **8** **Wenn ...**

▶LHB **Kettenübung: Spielt in der Gruppe. Wie viele Sätze schafft ihr?**

Gehen wir morgen ins Kino?

Tut mir leid. Ich habe kein Geld.

Wir sehen eine DVD an, wenn du kein Geld hast.

Das geht nicht. Meine Brille ist kaputt.

9 Verabredungen

a Spielt zu zweit. Findet ihr den längsten Dialog?

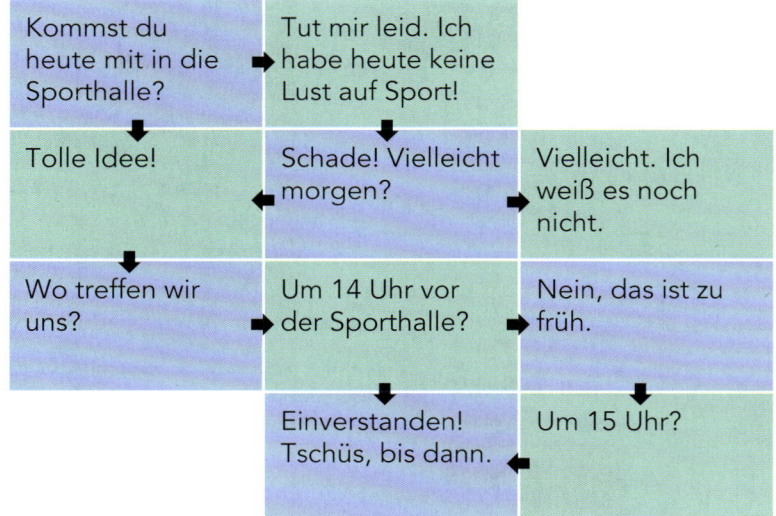

Kommst du heute mit in die Sporthalle? →	Tut mir leid. Ich habe heute keine Lust auf Sport!	
Tolle Idee!	Schade! Vielleicht morgen? →	Vielleicht. Ich weiß es noch nicht.
Wo treffen wir uns? →	Um 14 Uhr vor der Sporthalle? →	Nein, das ist zu früh.
	Einverstanden! Tschüs, bis dann.	Um 15 Uhr?

 b Schreibt einen neuen Dialog mit einem Ort aus 7a.

● Kommst du heute mit zum Straßenfest?
○ ...

Wohin?	**Wo?**
Kommst du mit …	Wo treffen wir uns?
… **zum** Straßenfest/Flohmarkt?	**Auf dem** Straßenfest/Flohmarkt.
… **ins** Kino/Theater/Aquarium?	**Vor dem** Theater / **Vor der** Disco.
… **in die** Disco/Sporthalle?	**Im** Kino / **In der** Sporthalle.

10 Tom ist unterwegs.

1.19

a Hört die Durchsagen. Wo ist Tom?

Nummer 1: Tom ist in der …

11.
Osterstraßenfest
- mit Flohmarkt
- mit vielen Konzerten
- mit Quiz für alle

14.04., ab 16 Uhr

BSV Sporthalle
täglich von 8 bis 22 Uhr geöffnet

Samstag, 14.04.
Palast-Kino:
Breaking Dawn – Bis(s) zum Morgengrauen, 16.30 Uhr
Nautilus-Aquarium:
Fische füttern, 15 Uhr

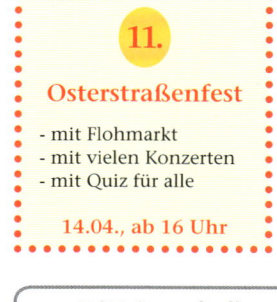
Einladung zum Geburtstag

Disco im Juze
jeden Samstag
mit DJ Luna
ab 18 Uhr, kostenlos

Theater Butze präsentiert
Das Dschungelbuch
● ● ● ● ● ● ●
14.04., 14 Uhr

b Hört noch einmal. Welche Reaktion passt? Ordnet zu.

A Wow! Die kenne ich. Die sind klasse. Komm, wir gehen zur Bühne.
B Warum das? Mögen Fische keine Hamburger?
C Schade, schon vorbei! Es hat gerade so viel Spaß gemacht.
D Endlich. Ich muss dringend zur Toilette.
E Willst du mit mir tanzen?

Zu Nummer 1 passt die Reaktion …

Kannst du das schon?

über Probleme sprechen

– Ich bekomme zu wenig Taschengeld.
– Ich habe eine Fünf im Diktat.
– Ich mag … Aber er/sie mag mich nicht.

über Probleme sprechen

Ihr habt Probleme mit den Eltern / in der Schule / mit Freunden. Schreibt drei Sätze.

Ratschläge geben

– Ich würde mit ihm/ihr über das Problem sprechen.
– Ich würde mit ihm/ihr zusammen etwas machen, zum Beispiel …
– Macht doch einen Mädchentag/Jungentag!
– Du kannst den Freund / die Freundin ja „zufällig" treffen.

Ratschläge geben

Jemand hatte Streit mit einem Freund / einer Freundin. Gebt drei Ratschläge.

Wohin? – Orte in der Stadt

Kommst du mit …
– zum Straßenfest/Konzert/Flohmarkt?
– ins Kino/Theater/Aquarium?
– in die Sporthalle/Disco?

Wohin?

Kommst du mit …? Nennt vier Orte in der Stadt.

Wo? – Orte in der Stadt

– auf dem Straßenfest/Konzert/Flohmarkt
– vor dem / im Kino/Theater/Aquarium
– vor der / in der Sporthalle/Disco

Wo?

Wo treffen wir uns? Nennt vier Orte.

sich verabreden

– ● Kommst du heute mit ins Aquarium?
○ Tut mir leid. Ich habe heute keine Zeit.
● Schade! Vielleicht morgen?
○ Tolle Idee!
● Wo treffen wir uns?
○ Um 14 Uhr vor dem Aquarium?
● Einverstanden! Tschüs, bis dann.

sich verabreden

Spielt einen Dialog:
● *Aquarium?*
○ ☹
● *morgen?*
○ ☺
● *Wo?*
○ *14 Uhr Aquarium?*
● ☺

Perfekt (III): trennbare und untrennbare Verben

– Nadja hat mich am Sonntag angerufen.
– Sie hat mir einen Mädchentag versprochen.
– Ich habe sie abgeholt.
– Ich habe Plato mitgenommen.
– Plötzlich ist Plato weggelaufen.

Perfekt (III)

Schreibt im Perfekt:
Nadja ruft mich am Sonntag an. Sie verspricht mir einen Mädchentag. Ich hole sie ab. Ich nehme Plato mit. Plötzlich läuft Plato weg.

Sätze mit wenn

– Wir spielen in der Sporthalle Basketball, wenn es regnet.
– Wir gehen ins Aquarium, wenn du beim Basketball schwitzt.
– Wir nehmen Freunde mit, wenn es zu zweit keinen Spaß macht.

Sätze mit wenn

Verbindet die Sätze:
Wir spielen in der Sporthalle Basketball. Es regnet. Wir gehen ins Aquarium. Du schwitzt beim Basketball. Wir nehmen Freunde mit. Es macht zu zweit keinen Spaß.

– Tolle Idee!
– Einverstanden!

Einverstanden!

4

Wir lernen:
Verkehrsmittel | Ausreden finden | Abläufe erklären: *zuerst, danach, ...* | sagen, dass man etwas nicht versteht
Modalverben im Präteritum: *wollte, konnte, ...*

Unterwegs

1 **Warum bist du zu spät?**

1.20

a **Warum kommen die vier Freunde zu spät? Hört die Szenen. Welches Bild passt?**

A

B

C

D

b **Was ist passiert? Ordnet zu.**

Kolja	hat auf die Straßenbahn gewartet.	Er war zu spät.
Robbie	ist mit dem Bus gefahren.	Das Fahrrad hatte einen Platten.
Pia	ist zu Fuß gegangen.	Sie hat im Bus geschlafen.
Nadja	hat die U-Bahn nicht bekommen.	Die Straßenbahn war zu spät.

> *Kolja ist zu Fuß gegangen. Das ...*

2 **Entschuldigung, ich ...**

 Die Freunde haben viele Ausreden. Was ist wirklich passiert? Korrigiert im Heft.

A Kolja: Ich konnte nicht früher kommen. Ich hatte einen Unfall mit einem Auto. Das Fahrrad ist total kaputt, aber ich bin zum Glück gesund.
B Pia: Der Busfahrer hatte Bauchschmerzen. Ein Krankenwagen musste kommen.
C Robbie: Die U-Bahn hat ab heute einen neuen Fahrplan. Sie fährt jetzt schon um zwanzig vor acht. Ich musste 15 Minuten warten.
D Nadja: Ich musste zu Fuß gehen. Die Straßenbahn ist heute nicht gefahren. Die Fahrer haben gestreikt.

> *A Kolja hatte keinen Unfall. Das Fahrrad hatte einen Platten.*

> *Entschuldigung, ich ...*

3 Nichts als Ausreden!

a Seid ihr auch schon mal zu spät gekommen? Arbeitet in Gruppen und sammelt Gründe.

> *Der Wecker hat nicht geklingelt.*

> *Meine Schuhe waren weg.*

> Wecker nicht geklingelt

b Ergänzt die Ausreden mit den Gründen aus Aufgabe 3a. Notiert ins Heft.

1. Ich konnte nicht früher kommen. ...
2. Ich wollte pünktlich sein, aber ...
3. Ich musste warten. ...
4. Ich musste zu Fuß gehen. ...

> **Modalverben im Präteritum**
> können → ich/er/sie kann**te**
> wollen → ich/er/sie woll**te**
> müssen → ich/er/sie muss**te**

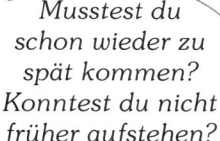

> *Musstest du schon wieder zu spät kommen? Konntest du nicht früher aufstehen?*

> 1. Ich konnte nicht früher kommen. Der Wecker ...
> 2. Ich wollte ...

4 Wunsch und Wirklichkeit

a Was für ein Tag! Lest den Text und sammelt an der Tafel. Was wollte Plato machen?

Was für ein Tag! Heute Morgen wollte ich mit der Katze spielen, aber sie hatte keine Lust. Dann wollte ich lange spazieren gehen, aber Pia hatte keine Zeit. Am Nachmittag war es total heiß. Ich wollte mit Pia im See baden, aber ich musste zu Hause bleiben. Und zuletzt wollte ich eine Grillwurst im Garten essen, aber der Nachbarhund war schneller ... Jetzt will ich nur noch schlafen – hoffentlich!

> Plato wollte mit der Katze spielen. Er wollte ...

b Was konnte Plato nicht machen? Schreibt ins Heft.

> Plato konnte nicht mit der Katze spielen. Er konnte nicht ...

c Was wolltet ihr gern machen, aber ihr konntet nicht? Sprecht in der Gruppe.

ins Kino gehen
eine neue Hose kaufen
zur Party gehen
lange schlafen
bis Mitternacht wach bleiben
...

zu spät sein
zu teuer sein
Hausaufgaben machen müssen
niemand hat Lust
die Eltern haben es verboten
...

> *Ich wollte zur Party gehen, aber ich konnte nicht. Meine Eltern haben es verboten.*

4

5 Ein besonderer Tag

a Sprecht im Kurs. Was ist für euch ein besonderer Tag? Sammelt an der Tafel.

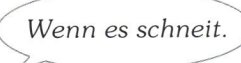

Wenn es schneit.

Wenn ich Taschengeld bekomme.

Wenn es schneit.
Wenn ich ...

b Hört den Anfang von einem Lied. Wie findet ihr die Musik? Welche Wörter passen?

1.21

> fröhlich • monoton • traurig • ruhig • langsam • romantisch • rockig • schnell

▶LHB **c** Lest die Ausdrücke aus dem Lied. Sprecht zu dritt. Was bedeuten die Ausdrücke in eurer Muttersprache?

keine Ängste, keine Sorgen

alles schweigt

heute fühle ich mich groß

ich will nur hier sein

die Welt kostet nichts

ich kann nicht mehr schlafen

ich lasse einfach los

öffne das Fenster

ist mir doch egal

ich fühle mich wieder frei

d Wählt einen Ausdruck aus c und schreibt ihn auf einen Zettel. Hört das ganze Lied. Steht kurz auf und zeigt euren Zettel, wenn ihr euren Ausdruck hört.

1.22

e Warum heißt das Lied „Ein besonderer Tag"? Sprecht in der Klasse.

6 Culcha Candela

a Sucht im Internet Informationen über Culcha Candela.

b Arbeitet in Gruppen. Macht ein Plakat über die Band und präsentiert es in der Klasse.

7 Mensch, das ist doch ganz einfach!

a **Hört das Gespräch. Was ist das Problem?**

1.23

b **Hört das Gespräch noch einmal.**
Welche Sätze sind richtig? Schreibt sie ins Heft.

1. Ben fährt bald in den Urlaub.
2. Bens Oma möchte ihn auf dem Handy anrufen.
3. Bens Oma hat keinen Computer.
4. Ben schickt seiner Oma gleich einen Brief.
5. Bens Oma hat ihr Passwort vergessen.
6. Bens Oma möchte gleich eine E-Mail schreiben.

> 1. Ben fährt bald in den Urlaub.

8 Wie schickt man E-Mails?

a **Schreibt die Sätze mit den Ausdrücken aus dem Kasten ins Heft. Achtet auf die**
Reihenfolge.

> danach • zum Schluss • zuerst • anschließend • dann

A Man muss ein Passwort eingeben.
B Man öffnet das Mailprogramm.
C Man kommt zum Briefkasten / zur Mailbox.
D Man gibt den Namen ein.
E Man kann eine Nachricht schreiben.

> Zuerst öffnet man ...

b **Was sagt Bens Oma, wenn sie nicht versteht? Hört das Gespräch aus Aufgabe 7**

1.23 **noch einmal. Ergänzt die Sätze im Heft.**

1. Was ... das denn?
2. Ich ... nicht. Was meinst du?
3. Kannst du das noch mal ...?
4. Was ... denn ein Passwort?
5. Das ... jetzt zu schnell.
6. ... das bitte noch mal langsam.

> 1. Was ist das denn?

c **Wie beantwortet man eine E-Mail? Erklärt. Einer ist Oma, einer ist Ben. Die**
Ausdrücke im Kasten und in Aufgabe 8b helfen.

> eine Antwort schreiben • ein Passwort eingeben • den Namen eingeben •
> zum Briefkasten / zur Mailbox kommen • eine Nachricht lesen • das Mailprogramm öffnen •
> auf *Posteingang* klicken • auf *Antworten* klicken • auf Senden klicken

> *Zuerst musst*
> *du das Mailprogramm*
> *öffnen.*

> *Kannst du das*
> *noch mal erklären?*

9 Alles klar?

a Welche Ausdrücke passen zu Thema A, welche zu Thema B? Sortiert an der Tafel.

> das Programm anklicken • die Webseite wählen • abschicken
> eine Telefonnummer tippen oder auswählen • die Boxen anschalten • die SMS-Funktion wählen
> mit den Tasten schreiben • den Browser öffnen

Thema A: eine SMS schreiben   Thema B: im Internet Radio hören

A	B
	das Programm anklicken

 b Wie macht man das? Teilt die Klasse in zwei Gruppen. Eine Gruppe bearbeitet Thema A, die andere Gruppe Thema B. Schreibt die Erklärung zu eurem Thema ins Heft. Arbeitet zu zweit.

> *Zuerst muss man ...*

c Sucht einen Partner mit dem anderen Thema. Tauscht euch aus.

Partner A erklärt seine Aufgabe.

Partner A wiederholt seine Erklärung.

Partner A versteht nicht alles und stellt Fragen.

Partner B versteht nicht alles und stellt Fragen.

Partner B versteht und erklärt seine Aufgabe.

Partner B wiederholt seine Erklärung.

> *Was ist das denn?*
>
> *Kannst du das noch mal erklären?*
>
> *Erklär das bitte noch mal langsam.*

10 Auslautverhärtung

 a Hört die Wörter. Was hört ihr an den markierten Stellen: *t* oder *d*, *p* oder *b*, *k* oder *g*?

1. A Kinder
   B Kind
2. A Fahrrad
   B Fahrräder
3. A schreiben
   B Schreib!
4. A lieb
   B lieber
5. A Tage
   B Tag
6. A mag
   B mögen

> *Kinder: Ich höre **d**.*
> *Kind: Ich höre **t**.*

1.24

 b Hört die Wörter und schreibt ins Heft.

1.25

> *1. frag! – fragen*

Kannst du das schon?

Verkehrsmittel
– die U-Bahn / der Bus / die Straßenbahn / das Fahrrad / das Auto / der Zug / das Motorrad

Ausreden finden
– Der Wecker hat nicht geklingelt.
– Ich habe mein Geld nicht gefunden.
– Ich hatte einen Unfall.
– Die Straßenbahn ist nicht gefahren.
– Ich musste 15 Minuten warten.

Modalverben im Präteritum
– Ich wollte pünktlich sein.
– Ich wollte lange spazieren gehen.
– Ich musste warten.
– Ich musste zu Hause bleiben.
– Ich konnte nicht früher kommen.
– Ich konnte keine Grillwurst essen.

Temporalangaben
– am Anfang/zuerst
– dann/danach/anschließend
– zum Schluss

einen Ablauf erklären
– Zuerst musst du das Mailprogramm öffnen. Dann gibst du Name und Passwort ein und kommst zum Briefkasten. Danach klickst du auf *Posteingang* und öffnest eine Nachricht. Anschließend klickst du auf *Antworten* und schreibst eine Antwort. Zum Schluss klickst du auf *Senden*.

sagen, dass man etwas nicht versteht
– Was ist das denn?
– Ich verstehe nicht. Was meinst du?
– Kannst du das noch mal erklären?
– Erklär das bitte noch mal langsam.
– Das geht jetzt zu schnell.

– Entschuldigung, ich konnte nicht früher kommen.
– Ist mir doch egal.
– Was für ein Tag!

Noch einmal, bitte

Verkehrsmittel
Welche Verkehrsmittel kennt ihr?

Ausreden finden
Warum kommt ihr zu spät? Findet drei Ausreden.

Modalverben im Präteritum
Was wolltet ihr gestern machen? Was musstet ihr machen? Was konntet ihr (nicht) machen? Schreibt fünf Sätze.

Temporalangaben
Wie ist die Reihenfolge? Ordnet die Ausdrücke: *dann – zuerst – am Anfang – danach – zum Schluss – anschließend*

einen Ablauf erklären
Wie beantwortet man eine E-Mail? Schreibt eine Erklärung für eure Oma.

sagen, dass man etwas nicht versteht
Ihr versteht etwas nicht. Was könnt ihr sagen?

Entschuldigung, ich konnte nicht früher kommen.

Grammatikübersicht

gern, lieber, am liebsten

☺ gern	▷ Hörst du **gern** Musik?	● Ja, sehr **gern**.
☺ ☺ lieber		○ Ich mache **lieber** selbst Musik.
☺ ☺ ☺ am liebsten		**Am liebsten** spiele ich Gitarre.

Verben im Perfekt

mit *haben*   **mit *sein***

regelmäßige Verben	
kaufen: Ich (habe) gestern ein Buch (**ge**kauf**t**).	**segeln:** Wir (sind) nach Cuxhaven (**ge**segel**t**).
unregelmäßige Verben	
treffen: Wir (haben) viele Freunde (**getroffen**). **sprechen:** Sie (hat) mit der Lehrerin (**gesprochen**). **finden:** Was (hast) du (**gefunden**)?	**gehen:** Martin (ist) zum Bus (**gegangen**).
Verben mit -*ieren*	
organisieren: Jana (hat) eine Party (organisier**t**).	**passieren:** Was (ist) hier (passier**t**)?
trennbare Verben	
anrufen: Wann (haben) Sie bei uns (an**geruf**en)? **mitbringen:** Ich (habe) einen Kuchen (mit**gebracht**). **mitnehmen:** Wir (haben) Milla mit dem Auto (mit**genommen**). **ansprechen:** (Hast) du den coolen Typen (an**gesprochen**)?	**weggehen:** Er (ist) plötzlich (weg**gegangen**).
untrennbare Verben	
verkaufen: Ich (habe) es (verkauf**t**). **besuchen:** Er (hat) seine Oma (besuch**t**). **verstehen:** Ich (habe) das Wort nicht (ver**standen**). **bekommen:** Tom (hat) ein Geschenk (be**kommen**). **vergessen:** Ich (habe) seinen Geburtstag (ver**gessen**).	

Modalverben im Präteritum

	wollen	müssen	können
ich	woll**te**	m**uss**te	k**onn**te
du	woll**test**	m**uss**test	k**onn**test
er/es/sie	woll**te**	m**uss**te	k**onn**te
wir	woll**ten**	m**uss**ten	k**onn**ten
ihr	woll**tet**	m**uss**tet	k**onn**tet
sie	woll**ten**	m**uss**ten	k**onn**ten
Sie	woll**ten**	m**uss**ten	k**onn**ten

Sätze und Fragen mit Modalverben im Präteritum

Position 1	Position 2		Satzende
Ich	konnte	gestern nicht Tennis	spielen.
Was	wolltest	du	fragen?

Ratschläge geben: *würde* + Infinitiv

Du hast eine 5 im Diktat bekommen:	Ich	würde	für das nächste Diktat	üben.

Nebensätze mit *wenn*

		Satzende
Pia kann nicht lernen. Plato bellt. → Pia kann nicht lernen, **wenn** Plato		bellt.
Wir schwitzen. Wir laufen schnell. → Wir schwitzen,	**wenn** wir schnell	laufen.

Akkusativ: *Welch-?*

	Akkusativ	
der	den Lehrer	Welch**en** Lehrer magst du am liebsten?
das	das Fach	Welch**es** Fach findest du gut?
die	die Note	Welch**e** Note hast du in Englisch?
die	die Sprachen	Welch**e** Sprachen lernst du?

Possessivartikel im Akkusativ: *mein, dein, sein, ...*

	Akkusativ	
der	mein**en** Stift	Ich suche mein**en** Stift.
das	dein Handy	Gibst du mir dein Handy?
die	sein**e** Tasche	Kolja sucht sein**e** Tasche.
die	mein**e** Sachen	Hast du mein**e** Sachen?

Fertigkeitstraining: Hören

1 **Das Deutsche Museum**

a **Seht die Bilder an. Welche Wörter fallen euch zu den Bildern ein?
Sammelt an der Tafel.**

1

2

3

Bild 1	Bild 2	Bild 3
– Deutschland	...	...
– Wo?		

b **Ihr hört eine Radiosendung. Achtet auf die Wörter an der Tafel.
Hört ihr die Wörter?**

1.26

> Habt ihr es gemerkt?
> Die Bilder geben euch schon viele
> Informationen! Die Reihenfolge
> von den Bildern passt meistens zur
> Reihenfolge im Hörtext.
> Total einfach!

c **Schreibt zu jedem Bild eine Frage ins Heft. Die Fragen müssen auch zum
Hörtext passen.**

Bild 1: Wo ist ...?

d **Ihr hört die Radiosendung noch einmal. Könnt ihr eure Fragen beantworten?
Schreibt die Antworten ins Heft.**

Antwort 1: In ...

2 Emily erzählt von ihrem Tag.

Was hat Emily gemacht? Steht auf und macht mit!

1.27

... habe ich meine Zähne geputzt ...

Was ist das für ein Geräusch? Ist das Wasser? Vielleicht ist Emily an einem See! Achtet auf Geräusche. Dann könnt ihr vieles besser verstehen.

3 Tiere sind menschlich.

a Lest die folgenden Fragen und Antworten.

1. In welchem Zoo lebt Ujian?

   a In Zürich.

   b In Heidelberg.

   c In Stuttgart.

2. Was für ein Tier ist Ujian?

   a Ein Papagei.

   b Ein Affe.

   c Ein Wolf.

3. Was kann Ujian?

   a Tanzen.

   b Lachen.

   c Pfeifen.

b Schreibt wichtige Wörter aus den Fragen ins Heft. Schreibt die Wörter untereinander.

   1. ZOO
   2. ...

c Ihr hört einen Radiobericht. Schreibt die richtige Antwort zu jedem Wort oder jeder Frage ins Heft.

1.28

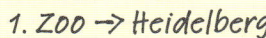

   1. ZOO → Heidelberg
   2. ...

Ich verrate euch meinen Trick. Ich habe aufgepasst: Wann höre ich das Wort „Zoo"? Kurz danach habe ich den Namen von einer Stadt gehört. Das Wort habe ich erkannt, denn ich habe es vorher gelesen. Ich habe genau aufgepasst: Ist es die richtige Antwort? Hört die Sätze immer bis zum Ende. Entscheidet erst dann.

Am Rhein

4 **Die Loreley**

a „Loreley" heißt ein Felsen am Rhein.
Seht zu zweit die beiden Karten und die
Deutschlandkarte im Umschlag an.
Wo ist der Rhein? Wo ist die Loreley?

b Seht die Bilder an. Was seht ihr?
Sammelt Wörter an der Tafel.

der Felsen

c Hört den ersten Teil von der Geschichte
„Die Loreley" und ordnet die Bilder.
Erzählt dann die Geschichte in der Klasse.

1.29

C ist das erste Bild.
Die Loreley …

A

der Graf

der Fischer

D

der Felsen

B

d Was glaubt ihr: Wie geht die Geschichte weiter? Arbeitet in Gruppen. Schreibt die Geschichte zu Ende. Spielt eure Geschichte den anderen vor.

e Hört jetzt das Ende von der Geschichte. Wer ist Loreley und was passiert mit ihr? Welche Antwort ist richtig?

1.30

A Loreley war eine Prinzessin. Sie ist mit einem Pferd vom Felsen gestürzt.
B Loreley war die Tochter von einem Grafen. Sie ist im Rhein ertrunken.
C Loreley ist eine Märchenfigur. Sie lebt im Rhein und bringt Fischern Unglück.

f Welches Ende gefällt euch am besten? Ein Ende aus 4d oder das Ende in 4e?

5 Recherchiert zu zweit im Internet. Was gibt es heute am Felsen „Loreley" zu sehen? Tippt das Stichwort „Loreley" in einer Suchmaschine ein. Berichtet von euren Ergebnissen.

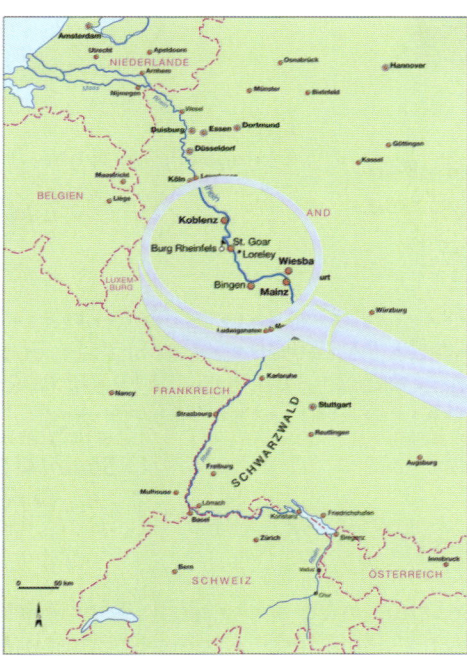

C

E

der Soldat

der Fluss „Rhein"

5

Wir lernen:
über Sport sprechen | Personen beschreiben | kurze Mitteilungen schreiben
Sätze mit *weil* | Vergleiche: *schneller als, so schnell wie* | Superlativ: *am schnellsten*

Sport

1 Ich bin ein Fan von …

a Kennt ihr die Sportler? Welche Sportarten sind auf den Fotos? Sammelt in der Klasse.

Ich kenne Shaun White.

Bild 6, das ist Volleyball.

b Ordnet die Sportler den Bildern zu.

Shaun White, Snowboard • Dirk Nowitzki, Basketball • Britta Steffen, Schwimmen
Mario Gomez, Fußball • Steffi Pohl und Okka Rau, Volleyball • Lionel Messi, Fußball

Nummer 1 ist Shaun White. Er fährt Snowboard.

2 Leon und seine Lieblingssportler

1.31

a Hört das Interview. Welcher Text passt?

A Leon macht keinen Sport und Sport in der Schule mag er gar nicht. Aber er ist Fußballfan, er mag Mario Gomez. Und er ist ein Fan von Lionel Messi. Andere Sportler mag er nicht.

B Leon ist Sportfan. Aber Sport in der Schule ist doof, sagt er. Es macht keinen Spaß. Leon fährt Snowboard, er mag Fußball und Volleyball. Mario Gomez findet er besonders gut, und natürlich Lionel Messi.

b Welche Sportler kennt ihr? Arbeitet in Gruppen und sammelt – nicht mehr als zwei Sportler pro Sportart. Welche Gruppe findet die meisten Sportler?

Name	Sport	Eigenschaften
Steffi Pohl	Volleyball	sehr fair, immer fröhlich

3 Das Gästebuch von Sportlern

a Vergleicht mit den Bildern auf der linken Seite. Wie heißen die Sportler?

KOMMENTARE

Leon aus Filderstadt: Hey …! So cool, ihr habt das Spiel am Sonntag in Berlin gewonnen! Dein Tor zum 3:1 war super! Danke!!! ☺ Bleib noch lange hier und schieß so viele Tore wie bisher! Ich bin ein großer Fan von dir, weil du nett und sympathisch bist! Viel Erfolg! Gruß Leon (14)

GÄSTEBUCH

31. August – 16.42 Uhr – Eva
Hallo …! Ich bin ein Riesenfan von Ihnen. 2-mal Gold bei Olympia, das war echt super! Ich sehe alle Wettkämpfe im Fernsehen, weil ich selbst auch schwimme. Ich trainiere beim Schwimmverein Heidelberg. Ich habe ein Autogramm von Ihnen! Ich bin jetzt so glücklich! Vielen, vielen Dank. Machen Sie einfach so weiter. Fan Eva aus Heidelberg

AUTOR	NACHRICHT
Betty aus Oldenburg	Lieber …! Du bist der Beste, du bist der Größte, du hast es geschafft! Du spielst so gut Basketball wie kein anderer. Ich will nach Dallas fahren, weil du dort lebst und trainierst. Ich trainiere jeden Tag, ich mag Basketball so gern. Jetzt bin ich schon ganz gut, sagt mein Trainer. Aber leider bin ich ziemlich klein. Betty, dein kleiner großer Fan aus Oldenburg.

b Beantwortet die Fragen.

1. Warum ist Leon ein Fan von Mario?
2. Warum sieht Eva alle Wettkämpfe im Fernsehen?
3. Warum ist Eva jetzt so glücklich?

4. Warum will Betty nach Dallas fahren?
5. Warum trainiert Betty jeden Tag?

1. Er ist nett und sympathisch.

c Macht aus zwei Sätzen einen Satz mit *weil*.

Leon ist ein Fan von Mario Gomez, weil er nett und sympathisch ist.

weil

Nebensatz mit weil
Leon ist ein Fan von Mario. Mario ist nett und sympathisch.
Leon ist ein Fan von Mario, **weil** er nett und sympathisch (ist).

4 Fan sein oder nicht?

a Warum seid ihr Fans von Sportlern, warum nicht? Bildet Sätze mit *weil*.

hat viel Erfolg • verdient viel Geld • kommt aus … • ist ein Angeber
gewinnt fast immer • ich mache auch … • die Interviews sind gut
ist arrogant/bekannt/berühmt/fair/witzig/cool/beliebt/…

Ich bin ein Fan von Mario, weil er kein Angeber ist.

Ich bin kein Fan von Sportlern, weil sie nicht witzig sind.

b Von wem seid ihr Fan? Und warum? Wie ist er/sie? Macht einen Steckbrief.

Ich bin ein Fan von Dirk Nowitzki. Er verdient sehr viel Geld, weil er …

5 Beim SV Rasentreter

▶LHB   **a** Was machen Paul und Kolja? Beschreibt die Bilder.

Sport in der Schule haben • schnell fahren • turnen müssen • im Verein trainieren •
anstrengend sein • viel Spaß haben • kein Tor schießen • langweilig sein •
mit dem Rad fahren • peinlich finden • gut/nicht treffen

Paul und Kolja haben Sport in der Schule. Es ist total langweilig.

b Was passt zusammen? Lest vor.

1. Paul und Kolja haben
2. Kolja fährt schneller Rad
3. Das Mädchen schießt
4. Das Training macht mehr Spaß
5. Paul trifft

A als Sport in der Schule.
B beim Schulsport keinen Spaß.
C nicht ins Tor.
D als Paul.
E besser als Paul.

6 Vorlieben und Sport

 a Was denkt ihr? Schreibt ins Heft.

schön • gut • schlecht • blöd • spannend • anstrengend • …

Ich finde Skateboardfahren besser als Fußball.

Ich bin besser als die Katze!

Vergleiche mit als
schön – schöner als
groß – größer als
gut – **besser als**

b Sprecht zu zweit. Wählt Stars. Macht Vergleiche.

jünger • älter • kleiner • berühmter • reicher • witziger •
fairer • cooler • arroganter • beliebter • stärker • …

Lionel Messi ist schneller als andere Spieler.

7 Bitte nicht vergessen!

a Welche Nachricht und welche Antwort passen zusammen?

Wann haben wir am Donnerstag Training? Ich war am Dienstag krank. Martin
1

Team U14 – Heute leider kein Training. Treffpunkt zum Spiel morgen um 9.00 Uhr. Früh schlafen gehen, gut frühstücken und viel trinken!
Eure Trainer Hannes & Heli
2

Kann fahren und noch zwei Spieler mitnehmen. Bis um halb 5 am Fußball-platz. Christine
3

Wo hast du die Schuhe versteckt? Finde sie nicht. p
4

Hallo Paps, hab die Fußballschuhe ver-gessen :-((Bitte schnell, Spielbeginn in 35 Minuten!!!! Du bist doch der Beste!
5

Bitte nicht vergessen! Am Donnerstag Spiel um **18.00** in Polling. Treffpunkt: unser Sport-platz um **16.30**. Wer kann fahren? Eltern bitte bei Heli melden.
6

Morgen um 9, aber wo?? Kann ich bei euch mitfahren? Leandro
7

Du und krank? Treff-punkt 18.15 Uhr. Das kostet eine Cola!!!!!!
8

Nachricht 1 passt zu …

b Was ist passiert? Beschreibt die Situationen.

 1
 2
 3
 4

Ein Junge sucht …

c Verloren – vergessen – verpasst. Wählt zwei Situationen aus 7b. Arbeitet zu zweit. Schreibt Nachrichten und Antworten.

Ich habe die Hausaufgabe vergessen. Kann ich dein Heft haben? Bitte!!!

Aber nur, wenn du …

8 pf und ts

1.32
a Hört die Wörter und sprecht nach. Hebt bei *pf* die rechte Hand.

b Lest die Wörter abwechselnd mit einem Partner. Achtet auf *p*, *f* und *pf*.

Fußball – Profi – Pfannkuchen • April – Afrika – Apfel • Körper – Koffer – Kopf • Person – Fenster – Pferd

1.33
c Wann hört ihr *ts*? Steht auf. Lest dann die Wörter.

Katze – Kasse • weiß – Witz – witzig • Pisa – Pizza – heiße Pizza • Zeit – seit • Seite – Zeitung • Tante – Tanz – tanzen • kurz – Kurt • nett – Netz • März – Martin

1.34
d Sprecht zuerst leise, dann laut im Chor. Kontrolliert mit der CD.

der Platz – der Spielplatz – der Sportplatz • der Wettkampf – der Kopfball • die Zeit – die Freizeit – die Uhrzeit • der Apfel – der Apfelsaft – der Apfelkuchen • das Pferd – der Kopf – der Pferdekopf • Herzlichen Glückwunsch! – Herzlichen Dank!

9 Rekorde, Rekorde!

a Lest die Fragen. Sprecht über die Bilder.

der Segelfisch

der Delfin

Usain Bolt,
Jamaika

Jeanne Louise Calment,
Frankreich

Paul Biedermann,
Deutschland

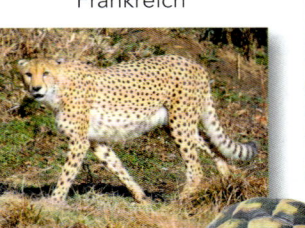
der Gepard

Javier Sotomayor,
Cuba

die Schildkröte

1. Wer schwimmt am schnellsten?
2. Wer läuft am schnellsten?
3. Wer springt am höchsten?
4. Wer wird am ältesten?

Ich bin am besten!

Ich schlafe am liebsten.

> Ich glaube, … schwimmt am schnellsten.

> Quatsch, … ist am schnellsten.

Adjektive: Steigerung
schnell – schneller – **am schnellsten**
alt – **älter** – **am ältesten**
hoch – **höher** – **am höchsten**
gut – **besser** – **am besten**
gern – **lieber** – **am liebsten**

b Hört zu. Kontrolliert eure Vermutungen. Notiert die Lösungen.

1.35

1. schwimmen: der Segelfisch

c Schreibt Sätze ins Heft.

Der Segelfisch schwimmt am schnellsten.

10 Wer kann das am besten?

Wie seid ihr? Was könnt ihr? Schreibt Vergleiche.

> groß/klein sein • jung/alt sein • beliebt sein • berühmt sein • aktiv sein • stark sein
> sportlich sein • fit sein • faul sein • schnell/langsam rechnen • schnell laufen
> laut rufen • schön schreiben • gut Tennis/Fußball/… spielen • gut zaubern
> lang schlafen • dumm schauen ☺

Oskar ist so groß wie Mara. Ich rechne langsamer als meine Freunde.

Adjektive: Vergleiche
Ich laufe	**so** schnell **wie**	mein Freund.	=
Ich schwimme	schnell**er als**	mein Vater.	<>

Kannst du das schon?

über Sport sprechen

– Ich mache viel Sport / wenig Sport / keinen Sport.
– Ich fahre Rad/Snowboard/Ski.
– Ich spiele Fußball/Volleyball/Tennis …
– Ich turne/tanze/reite/…
– Ich bin Fan von … / Mein Lieblingssportler ist …

Personen beschreiben

– … ist sehr bekannt/berühmt.
– … ist … Jahre alt / ist ungefähr … Meter groß.
– … ist sympathisch/fair/witzig/cool …
– … hat viel Erfolg / verdient viel Geld /gewinnt oft / macht tolle Interviews / … kann gut …
– … ist ein Angeber / … ist arrogant / … ist nicht beliebt.

Kurze Mitteilungen schreiben

– Ich habe die Hausaufgabe vergessen. Kannst du mir dein Heft geben, bitte?
– Wann ist morgen Training? Wo treffen wir uns? Danke.

Sätze mit weil

– Ich mag …, weil er/sie sehr fair ist.
– Ich bin Fan von …, weil seine/ihre Musik cool ist.
– Ich liebe …, weil er/sie immer gewinnt.

Vergleichen: schneller als

– Nowitzki ist größer als Mario Gomez.
– Meine Schwester ist älter als ich.
– Ich finde Volleyball cooler als Schwimmen.
– Shakira singt besser als Robbie.

Vergleichen: so schnell wie

– Ich bin so alt wie …
– Ich bin so beliebt wie …
– Ich bin so reich wie …

Superlativ: am schnellsten

Alexandra kann am schnellsten rechnen.
Heike kann am höchsten springen.
Der Sportlehrer kann am lautesten rufen.

– Du bist doch der Beste!
– Dringend!
– Viel Erfolg!
– Peinlich!
– Ach nee! Schon wieder!

Noch einmal, bitte

über Sport sprechen

Welchen Sport macht ihr?
Welchen Sportler mögt ihr?

Personen beschreiben

Beschreibt einen Sportler oder einen Star.
Macht fünf Sätze.

Kurze Mitteilungen schreiben

Ihr habt etwas vergessen. Schreibt eine Nachricht.

Sätze mit weil

Wen mögt ihr? Warum?
Macht drei weil-Sätze.

Vergleichen: schneller als

Schreibt Vergleiche:
groß, alt, cool, gut

Vergleichen: so schnell wie

Vergleicht euch mit anderen:
Ich bin so alt/beliebt/reich wie …

Superlativ: am schnellsten

Wer kann das am besten in eurer Klasse?
schnell rechnen, hoch springen, laut rufen

> *Du bist doch der Beste!*

6

Wir lernen:
Kleidung | Farben | über Bilder sprechen | Preise erfragen und nennen | Meinungen ausdrücken
Adjektive (I) mit dem bestimmten Artikel: *der blaue Pullover, den blauen Pullover*

Kleidung und Farben

1 Wie gefällt dir das?

a Seht das Bild an und fragt einen Partner: „Ich sehe was, was du nicht siehst, und das ist …".

Ich sehe was, was du nicht siehst, und das ist rot.

Ist es die Hose?

Nein.

Ist es …?

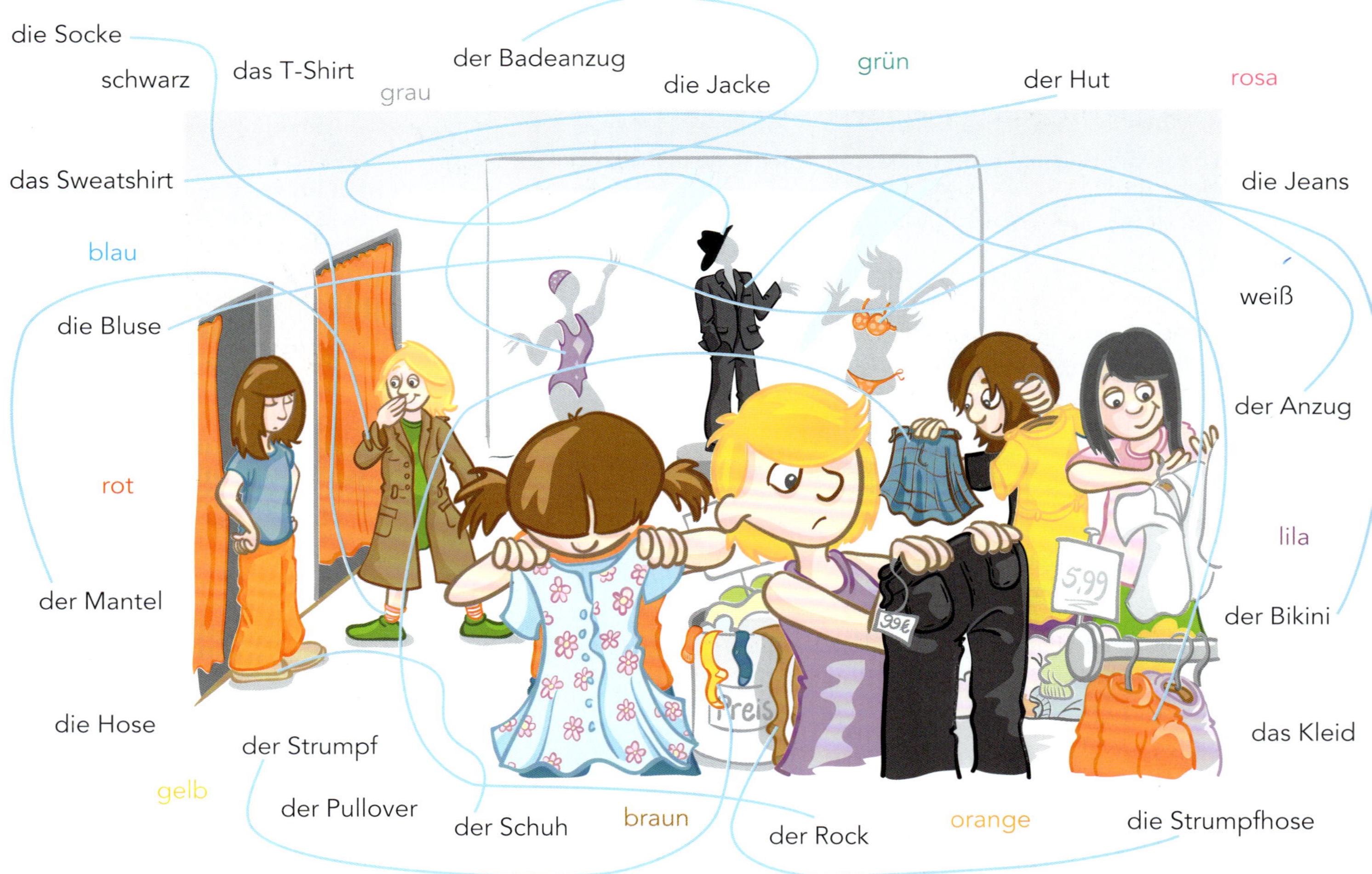

die Socke
schwarz
das T-Shirt
grau
der Badeanzug
die Jacke
grün
der Hut
rosa
das Sweatshirt
die Jeans
blau
weiß
die Bluse
der Anzug
rot
lila
der Mantel
der Bikini
Preis
5,99
9,99€
die Hose
das Kleid
der Strumpf
gelb
der Pullover
der Schuh
braun
der Rock
orange
die Strumpfhose

1.36–38 **b Hört die Gespräche. Welches Gespräch passt zu wem? Über welche Kleidungsstücke sprechen sie?**

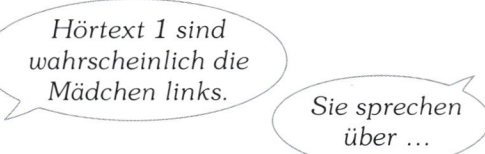

Hörtext 1 sind wahrscheinlich die Mädchen links.

Sie sprechen über …

hinten
links
in der Mitte
rechts
vorne

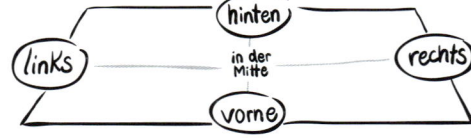

2 Was sagen die Mädchen?

 a Schreibt die Dialoge ins Heft und ergänzt die Lücken. Das Bild in Aufgabe 1 hilft.

Dialog 1
- ● Wie findest du 🐾?
- ○ Ganz hübsch, aber nicht sehr modern. 🐾 hier gefällt mir besser.
- ● Ja, 🐾 steht dir bestimmt gut. Aber für mich ist sie nichts.
- ○ Probier sie doch mal an.
- ● Ich weiß nicht, die ist doch auch zu teuer!

Dialog 2
- ▶ Was gefällt dir besser: 🐾 oder 🐾?
- ▷ 🐾 ist o. k., aber 🐾 ist viel besser.
- ▶ Ja, und 🐾 habe ich eigentlich schon.
- ▷ Und dazu passt 🐾 hier. Zieh sie doch mal an.
- ▶ Zeig mir mal 🐾. Nein, Weiß steht mir nicht.

 b Hört die Dialoge zur Kontrolle. Übt die Dialoge zu zweit.

1.37–38

3 Wem gehört das?

▶LHB **a** Markus, Kilian und Laurin haben eingekauft. Die Kleidungsstücke sind durcheinander. Wem gehört was? Ratet in der Klasse.

„Lila" und „rosa" sind ohne Endung.

Adjektive (I): Nominativ
der schwarz**e** Anzug
das weiß**e** Hemd
die grau**e** Hose

die schwarz**en** Schuhe

Vielleicht gehört das weiße Hemd Laurin?

Nein, das weiße Hemd passt besser zu Markus.

 b Schreibt für jeden Jungen zwei Sätze ins Heft. Was denkt ihr: Was passt überhaupt nicht?

Die schwarzen Schuhe passen nicht zu ...

4 Kleidung und Farben
Spielt zu dritt und findet Karten-Paare. Macht Sätze.

Zuerst macht ihr Kärtchen. Jeder schreibt auf drei Kärtchen seinen Namen und auf drei Kärtchen in einer anderen Farbe seine Lieblingskleidung (je ein Kleidungsstück und Farbe). Dann mischt ihr alle Karten und legt sie verdeckt auf den Tisch. Einer beginnt und deckt zwei verschiedene Karten auf. Er bildet einen Satz, die anderen antworten. Die Karten passen: Er behält das Paar. Die Karten passen nicht: Er dreht die Karten wieder um und der Nächste ist dran.

Jenny gehört das blaue Hemd.

Nein, das stimmt nicht.

5 Shoppen

a Seht die Seite aus einem Mode-Katalog an. Sprecht über die Preise.

> *Was kostet die schwarze Mütze?*

> *Die schwarze Mütze kostet 6,99 €.*

> *Und wie viel hat die Mütze vorher gekostet?*

> *Sie hat 15,95 € gekostet.*

b Wie findet ihr das für …?

| Ich finde … | für das Sportfest
für die Party
für das Schulfest
für das Familienfest | schön.
passend.
doof.
uncool.
gut. |

> *Ich finde die gelbe Kapuzenjacke für die Party uncool.*

> *Nur „der" ist anders!*

Adjektive (I): Akkusativ

der blaue Rock	Ich mag **den** blau**en** Rock.
das weiße Kleid	Ich mag **das** weiße Kleid.
die gelbe Jacke	Ich mag **die** gelbe Jacke.
die roten Schuhe	Ich mag **die** rot**en** Schuhe.

6 Was tragt ihr wann?

a Wählt Kleidung aus dem Modekatalog in Aufgabe 5. Schreibt fünf Sätze ins Heft.

> *Für die Party finde ich den blauen Rock und … super.*
> *Für den Urlaub finde ich …*
> *Für …*

b Geht in der Klasse herum und erzählt.
Wer geht mit euch im Partnerlook?

> *Für die Schule finde ich die braunen Schuhe gut.*

> *Ich auch. Wir gehen im Partnerlook.*

7 Zusammen im Geschäft

1.39 **a Hört das Gespräch von Matthias, Lena und Laura und ordnet die Bilder. Wer kauft was?**

A *Das steht dir gut.*

B *Die Farbe gefällt mir nicht.*

C UMKLEIDE *Wo sind die Umkleide-kabinen?*

b Hört das Gespräch noch einmal. Welche Sätze sind richtig, welche falsch?

1. Die Jacke ist zu eng für Matthias. Die Mädchen suchen eine andere Größe.
2. Matthias probiert den Pullover in der Umkleidekabine an. Die Verkäuferin hilft ihm.
3. Matthias möchte den Pullover anprobieren. Die Verkäuferin zeigt ihm die Kabine.
4. Die braune Jacke gefällt den Mädchen nicht. Die Mädchen fragen die Verkäuferin.
5. Matthias probiert den Pullover. Der Pullover gefällt den Mädchen.

c Ordnet die Sätze den Bildern aus Aufgabe 7a zu. Notiert die Tabelle ins Heft. Hört zur Kontrolle.

> Die Jacke haben wir nur in Braun. • Der grüne Pulli steht dir echt gut. • Vielleicht gibt es sie noch in Schwarz oder Blau. • Entschuldigung, wo sind denn die Umkleidekabinen? Dann nehme ich den Pulli. • Wir suchen die Jacke in Schwarz. Haben Sie die? Und? Wie steht sie mir? • Dort hinten rechts.

Bild A	Bild B	Bild C
Der grüne Pulli …		

d Sucht zu zweit ein Bild von Aufgabe 7a aus. Schreibt einen Dialog und spielt ihn in der Klasse vor.

8 Ist das fair?

a Lest den Artikel aus der Zeitung. Was ist das Thema?

b Was passt für Kinder in Deutschland, was für viele Kinder in Indien?

Deutschland	Indien
25 Euro Taschengeld	

c Habt ihr schon gearbeitet und Geld verdient? Was habt ihr mit dem Geld gemacht? Sprecht in der Klasse.

Geld für Mode

Kinder in Deutschland bekommen Taschengeld, ein 14-Jähriger durchschnittlich 25 Euro im Monat. Kinderarbeit ist verboten. Erst mit 15 Jahren darf man in einem Jahr vier Wochen lang acht Stunden pro Tag arbeiten – maximal!

Aber in Indien arbeiten ca. 55 Millionen Kinder unter 14 Jahren – den ganzen Tag, ohne Pausen und für wenig Geld. Sie machen Kleidung für Europa. Die Kinder dürfen nicht sprechen und nicht weinen. Oft haben sie keinen Kontakt mehr zu ihren Eltern.

So können wir hier in Deutschland billige Sachen kaufen, weil Kinder in Indien arbeiten. Ist das fair?

9 au und eu

1.40

a Was hört ihr: *au* oder *äu/eu*?
Macht das passende Gesicht.

b Lest die Wörter laut.

1. Frau • freuen • Urlaub • teuer • heute • Pause
2. Raum – Räume • verkaufen – Verkäufer • Haus – Häuser • laufen – läuft

10 Wer ist am schönsten im ganzen Land?

a Seht das Bild von Pia und Plato an. Was ist los?

> Ich denke,
> Pia geht zu einer
> Party.

> Ich glaube, …

1.41

b Hört das Gespräch von Pia, Nadja, Robbie,
Paul und Anton. Wer kommt mit?

c Hört noch einmal. Wie denken die Freunde über Pias Plan? Ordnet in die Tabelle.

> Schön oder nicht schön – das ist doch egal. •
> Na gut. • Das ist doch spannend. •
> Ich finde das auch interessant. • Ich finde so
> etwas langweilig. • Das ist doch lustig.

☺	☺	☹

11 Ende gut, alles gut?

a Wie geht es weiter? Schreibt zu zweit eine kurze Geschichte.

es regnet stark • Hundeshow beginnt gleich • springt in die Pfütze • ist schockiert • telefoniert • schmutzig • läuft weg • wollen Plato fangen • hat einen Regenschirm • …

b Lest eure Geschichten in der Klasse vor.

Kannst du das schon?

Kleidung

– der Anzug | der Badeanzug | der Bikini | die Bluse | die Hose | der Hut | die Jacke | die Jeans | das Kleid | der Mantel | der Pullover | der Rock | der Schuh | der Strumpf | das Hemd | das Sweatshirt | die Strumpfhose | das T-Shirt

Farben

– orange, lila, rosa, schwarz, grau, blau, grün,   , rot, gelb, braun

über Bilder sprechen

– Links sind zwei Umkleidekabinen. Ein Mädchen probiert eine Hose an. Rechts sind auch zwei Mädchen. Sie haben einen Rock, ein Kleid und eine Bluse. Hinten ist ein Fenster. Vorne halten zwei Mädchen ein Kleid und eine Hose in der Hand.

Adjektive (I) mit dem bestimmten Artikel: Nominativ

– Die weiße Hose und das weiße Hemd gehören Markus.
– Die schwarze Jacke und der schwarze Hut gehören Laurin.
– Die grünen Schuhe und der grüne Rock gehören Miriam.

Adjektive (I) mit dem bestimmten Artikel: Akkusativ

– Für das Schulfest finde ich den schwarzen Anzug schön.
– Für die Party finde ich das orange Sweatshirt cool.
– Für die Schule finde ich die lila Strumpfhose toll.
– Für das Sportfest finde ich weiße Strümpfe gut.

Preise erfragen und nennen

– ● Was kostet das rote T-Shirt?
  ○ Das rote T-Shirt kostet 15,99 €. Wie viel kostet der schwarze Anzug?
  ● Der schwarze Anzug kostet 139,50 €. Wie viel kostet die graue Sporthose?
  ○ Sie kostet 19 €. Was kosten die blauen Schuhe?
  ● Die Schuhe kosten 49,90 €.

Meinungen ausdrücken

– Eine Hundeshow? Das ist doch lustig/spannend. | Ich finde das auch interessant. | Das ist doch egal. | Ich finde so etwas langweilig.
– Die Kleidung von Pia? Ganz hübsch, aber nicht sehr modern. | Das T-Shirt gefällt mir nicht gut. | Der Rock ist echt super. | Die Farbe finde ich nicht so toll. | Der Pulli steht ihr gut.

– Warum nicht?
– Das steht dir echt gut!
– Für mich ist das nichts.

Noch einmal, bitte

Kleidung

Nennt möglichst viele Kleidungsstücke mit Artikel.

Farben

Welche Farben tragt ihr? Welche Farben trägt euer Partner?

über Bilder sprechen

Beschreibt das Bild auf Seite 44: *Links/Rechts/Vorne/Hinten ist/sind ...*

Adjektive (I): Nominativ

Wem gehören die Sachen?
Markus: Hose, Hemd (weiß)
Laurin: Jacke, Hut (schwarz)
Miriam: Schuhe, Rock (grün)

Adjektive (I): Akkusativ

Was findet ihr schön? Für das Schulfest, für die Party, für die Schule, für das Sportfest?

Preise erfragen und nennen

Fragt und antwortet.

15,99 €   139,50 €

19,– €

49,90 €

Meinungen ausdrücken

Wie findest du eine Hundeshow? Wie gefällt dir die Kleidung von Pia?

Warum nicht?

7

Wir lernen:
Gefühle äußern | Treffpunkte planen | Zeitangaben | über Freundschaft sprechen
Adjektive (II) mit dem unbestimmten Artikel: *ein arroganter Typ, einen großen Fehler* | Fragen in der Vergangenheit

Freundschaften

1 **Der Angeber**

a **Seht die Bilder an. Was passiert? Wie geht es Paul? Warum?**

A

B

Auf Bild A sieht man Marc und Paul.

1.42

b **Hört die Gespräche und beantwortet die Fragen. Sprecht in der Klasse.**

1. Was gibt es morgen?
2. Was müssen Marc und Paul machen?
3. Wie findet Paul das Sportfest?

4. Wie findet Marc das Sportfest?
5. Wer tröstet Paul?
6. Was denkt Paul von Marc?

c **Welche Sätze passen zu welcher Person? Ordnet zu. Hört zur Kontrolle.**

> Sei nicht traurig! • Das ist mir doch egal! • Ach, das blöde Sportfest. •
> Das interessiert mich nicht! • Das ist doch nicht blöd. Das ist toll! • Marc ist ein doofer
> Angeber. • Du hast keine Chance. • Was ist denn los? • Du schaffst das schon! •
> Quatsch, ich habe doch keine Angst! • Ich gewinne. • Dabei sein ist alles!

Paul	Pia	Marc
	Sei nicht traurig!	

2 **Du schaffst das schon!**

Was sagen die Jungen, was sagt das Mädchen? Schreibt zu zweit einen Minidialog zu der Situation. Die Sätze aus 1c helfen.

● Hey, was ist denn los?
○ Ach, nichts.
● Du schaffst ...

▶ Na, Kleiner, hast du Angst?
▷ Nö, warum?
▶ Gleich musst du springen.
▷ ...

3 Auf dem Sportfest

▸LHB **a** Wie geht die Geschichte? Ordnet die Bilder.

b Erzählt die Geschichte.
1. der Lauf – beginnen – loslaufen
2. schneller laufen als … – Fans von Marc – begeistert sein
3. die Kurve nicht sehen – in die Absperrung laufen
4. den Lauf gewinnen – glücklich sein – verletzt sein

> *Der Lauf beginnt.*
> *Marc und Paul …*

4 Typen

a Welche Adjektive passen zu Marc, welche zu Paul und welche zu Pia? Ordnet zu.

> arrogant • sensibel • beliebt • sportlich • groß • optimistisch •
> pessimistisch • stark • schüchtern • nett • schnell • hübsch •
> fair • schrecklich

> *Marc: arrogant, …*
> *Paul: …*
> *Pia: …*

 b Beschreibt Marc, Paul und Pia. Die Wörter in 4a helfen.

▸LHB
> … ist ein/kein … Junge. • … ist ein/kein …
> Typ. • … ist ein/kein … Mädchen. • … ist eine/
> keine … Freundin. • … sind … Typen. •
> … sind keine … Typen.

Adjektive (II): Nominativ
der → ein/kein arrogant**er** Typ
das → ein/kein sensible**s** Mädchen
die → eine/keine nett**e** Freundin

die → – sportlich**e** Typen
   keine sportlich**en** Typen

> *Marc ist ein arroganter Typ.*
> *Er ist kein netter Junge.*

5 Wer ist hier der Idiot?!
Seht das Bild an. Welche Fragen könnt ihr beantworten? Wählt aus und antwortet.

1. Wohin wollte Florian gehen?
2. Was ist passiert?
3. Wer hat das getan? Wer ist also der Täter?
4. Wen wollte der Täter ärgern?
5. Wann hat Florian das gesehen?
6. Warum hat der Täter das gemacht?

Florian wollte …

6 Florians Freunde: Wer war's?

a Spielt zu viert. Verteilt die Rollen: Berni, Miriam, Lasse und Detektiv. Fragt und antwortet.

Berni	Miriam	Lasse
Warum? * Lateintest – bei Florian abschreiben wollen – Florian „nein" sagen **Wo?** * im Kino **Mit wem?** * allein	**Warum?** * gestern mit Florian Computer spielen – immer verlieren **Wo?** * bei Florian zu Hause **Mit wem?** * nur mit Florian	**Warum?** * immer weniger Zeit für mich haben – traurig sein **Wo?** * Basketball spielen **Mit wem?** * mit einem Freund

Berni, warum warst du sauer auf Florian?

Aha. Und wo warst du gestern Abend?

Gestern hatten wir einen Lateintest. Ich wollte bei …

> **Fragen in der Vergangenheit**
> **Warum** warst du …?
> **Wo** warst du …?
> **Mit wem** warst/hast du …?

b Was denkt ihr? Wer ist der Täter? Sprecht in der Klasse.

Ich glaube, es war …, weil …

Quatsch! Das glaube ich nicht. Ich denke, es war …

Mein Name ist Bond! Dora Bond! Ich ermittle hier.

7 Florians Plan

1.43

a **Hört die Mailbox-Nachricht. Lest die SMS von Florians Cousin Andi. Welche passt?**

17:00 von 0151/23420708 Hi Florian, in einer Stunde? Das ist zu früh. Ich komme um 5 vor halb 7 zu dir. Bis nachher! Andi	17:15 von 0151/23420708 Alles klar. Ich komme in einer Viertelstunde zu dir. Bis gleich. Wir finden ihn!!! Andi	17:25 von 0151/23420708 Flo, meinst du, der Täter kommt? Na gut. Wir versuchen es. Du kannst zu mir kommen, kein Problem.
Optionen Weiter Zurück	Optionen Weiter Zurück	Optionen Weiter Zurück

b **Wann und wo? Jeder schreibt ein Kärtchen mit Zeit und Treffpunkt.**

– in 30 Minuten   – um 18:25 Uhr

– zu mir   – zu Maria

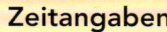

Zeitangaben

in 60 Minuten	in einer Stunde
in 30 Minuten	in einer halben Stunde
in 15 Minuten	in einer Viertelstunde
um 5:25 Uhr	um fünf vor halb sechs
um 5:35 Uhr	um fünf nach halb sechs

▶LHB **c** **Fragt und antwortet wie im Beispiel. Tauscht dann die Kärtchen und fragt andere Personen.**

Kommst du in einer halben Stunde zu mir?

Nein. Ich komme lieber um fünf vor halb sieben zu Maria.

Kommst du ...?

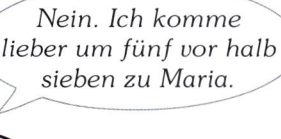

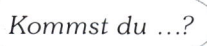

8 Ich- und Ach-Laut

1.44

a **Wo hört ihr *ch* wie in *ich*? Wo hört ihr *ch* wie in *acht*? Hört und sprecht nach.**

nicht – Nacht • doch – dich • mach – mich • Sprachen – sprechen
Buch – Bücher • welche – Woche • euch – auch • Kuchen – Küche

1.45

b **Jeder macht zwei Kärtchen: eins mit *ich*, eins mit *acht*. Hört die Wörter und zeigt die richtige Karte. Sprecht dann nach.**

1. Nacht	7. sportlich	13. Sprache
2. schüchtern	8. Buch	14. Milch
3. doch	9. Bauch	15. durch
4. nicht	10. welche	16. Unterricht
5. machen	11. gleich	17. schrecklich
6. versuchen	12. mich	18. Mädchen

ch meistens wie in *ich*
ch wie in *acht* nach → **a, o, u, au**

9 Ein Entschuldigungsbrief

a Lest den Brief. Wer hat ihn geschrieben?

Hamburg, den 24.06.

Hi Flo,

ich habe „Idiot" an die Garage geschrieben. Es tut mir wirklich leid. Da hatte ich eine superblöde Idee. Und jetzt hast du ein großes Problem mit den Nachbarn.
Ich war sauer auf dich, weil du nur noch mit Miriam zusammen bist. Immer sitzt ihr vor dem Computer.
Ich weiß, ich habe einen dummen Fehler gemacht. Ich mache es wieder gut. Ich hoffe, du suchst jetzt keine neuen Freunde zum Basketballspielen. …

b Wie findet ihr die Entschuldigung auf dem Foto? Was denkt ihr? Akzeptiert Florian die Entschuldigung?

10 Eine superblöde Idee

 Schreibt den Brief ins Heft.
Ergänzt Adjektive in der richtigen Form.
Es gibt mehrere Möglichkeiten.

doof • groß • riesig • dumm • blöd • gut • echt • böse

Hi Marlene,

ich habe die Nachricht im Internet über dich ge-schrieben. Es tut mir sehr leid. Da hatte ich eine 🐾 Idee. Und jetzt hast du ein 🐾 Problem in der Schule. Ich war sauer auf dich, weil du in der Klasse schlecht über mich gesprochen hast.
Ich weiß, ich habe einen 🐾 Fehler gemacht. Ich mache es wieder gut. Versprochen!
Ich schlage vor, wir zwei vermeiden in Zukunft so 🐾 Fehler und bleiben trotzdem gute Freunde.

Deine Miriam

> **Adjektive (II): Akkusativ**
> de**n** → eine**n**/keine**n** dumme**n** Fehler
> da**s** → ein/kein große**s** Problem
> di**e** → eine/keine gut**e** Idee
>
> di**e** → – blöd**e** Fehler
>   **keine** blöd**en** Fehler

11 Was ist Freundschaft?
Was ist das Wichtigste für euch bei einer Freundschaft? Sammelt in der Klasse.

Ein Freund kann verzeihen …

Man kann …

verzeihen können   über alles reden können
immer abschreiben können   über die gleichen Sachen lachen
…

Kannst du das schon?

Gefühle äußern
– Sei nicht traurig! | Du schaffst das schon! | Dabei sein ist alles!
– Das ist mir doch egal! | Das interessiert mich nicht!
– Quatsch, ich habe doch keine Angst!

Zeitangaben
– in einer Stunde | in einer halben Stunde | in einer Viertelstunde
– um fünf vor halb sechs | um zwei nach halb sieben

Adjektive (II) mit dem unbestimmten Artikel: Nominativ
– Marc ist ein arroganter Typ.
– Pia ist ein starkes Mädchen.
– Sie ist keine arrogante Freundin.
– Marc und Paul sind sportliche Jungen.
– Sie sind keine guten Freunde.

Adjektive (II) mit dem unbestimmten Artikel: Akkusativ
– Ich habe einen großen Fehler gemacht.
– Jetzt hast du ein riesiges Problem.
– Da hatte ich eine blöde Idee.
– Ich habe trotzdem gute Freunde.

Fragen in der Vergangenheit
– Was ist passiert?
– Wann hat Florian das gesehen?
– Wohin wollte Florian gehen?
– Wer hat das getan? Wer ist also der Täter?
– Warum hat der Täter das gemacht?

über Freundschaft sprechen
– Ein Freund kann verzeihen.
– Man kann über alles reden.
– Man kann immer abschreiben.

– Er ist ein doofer Angeber.
– Du bist ein Idiot!
– Ich bin sauer auf dich.
– Was ist denn los?

Noch einmal, bitte

Gefühle äußern
Was sagt ihr, wenn …
… ihr jemanden tröstet?
… euch etwas egal ist?
… ihr keine Angst habt?

Zeitangaben
Wie kann man auch sagen?
– *in 60 / in 30 /*
  in 15 Minuten
– *um 17:25 /*
  um 6.32 Uhr

Adjektive (II): Nominativ
Ergänzt die Endungen:
Marc ist ein arrogant___
Typ. Pia ist ein stark___
Mädchen. Sie ist keine
arrogant___ Freundin.
Marc und Paul sind sport-
lich___ Jungen.
Sie sind keine gut___
Freunde.

Adjektive (II): Akkusativ
Ergänzt die Endungen:
Ich habe …
… einen groß___ Fehler
  gemacht.
… ein riesig___ Problem.
… eine blöd___ Idee.
… gut___ Freunde.

Fragen in der Vergangenheit
Stellt Fragen:
– Jemand hat etwas an die
  Garage geschrieben.
– Am Morgen.
– Zur Schule.
– Lasse.
– Weil er nicht genug
  Zeit für Lasse hatte.

über Freundschaft sprechen
Was ist Freundschaft für
euch? Schreibt drei Sätze.

Angeber!

8

Wir lernen:
über Feste sprechen | auf eine Einladung reagieren | Freude und Ärger ausdrücken | Essen und Trinken
Datum und Ordinalzahlen | bestimmte Artikel im Dativ: *dem/der/den* | reflexive Verben: *sich freuen*

Familienfeste

Opas 60. Geburtstag

MAI		Eva	Gero	Anna	Geburtstage
3	Sonntag				
4	Montag		Tennisclub		
5	Dienstag			Reiten 16.00	Opa
6	Mittwoch				
7	Donnerstag	MÜNCHEN		Gitarre!!!	
8	Freitag		Fußball/Kurt		
9	Samstag				

Nicht vergessen!
Gasthaus reservieren,
Essen bestellen
Mail an Fritz, Elke, Uwe
Termin klären – Freitag
oder Samstag?
Tischdekoration

Opa noch
ganz klein

1 Ein Fest planen

a Was ist los bei Familie Fischer? Was glaubt ihr? Sammelt an der Tafel.

ein Sommerfest planen, …

Vielleicht planen
sie ein Sommerfest.

Ich glaube,
es gibt …

Ich denke, sie
machen …

1.46

b Was will Familie Fischer machen? Hört und vergleicht mit euren Notizen.

c Hört noch einmal. Was ist richtig, was ist falsch? Notiert im Heft.

1. Der Opa von Familie Fischer hat am fünften Mai Geburtstag.
2. Der fünfte Mai ist ein Freitag, da gibt es das Fest für Opa.
3. Onkel Fritz und die Cousinen aus Kanada kommen auch zum Fest.
4. Herr Fischer will mit den Verwandten telefonieren.
5. Anna und ihre Eltern wollen eine Liste machen.
6. Anna ist glücklich, weil ihre Cousins aus Berlin auch kommen.

1. richtig, 2.

2 Ein wichtiges Datum
Arbeitet zu zweit.
Fragt euren Partner und antwortet.

Welches Datum ist heute/morgen?
Welches Datum ist für dich besonders wichtig?

Wann hat dein/deine … Geburtstag?
Wann hast du Geburtstag?
Wann ist ein wichtiger Feiertag?

Wann hat deine
Mutter Geburtstag?

Am dritten
Oktober.

Bis 19 mit -te,
ab 20 mit -ste.

Datum und Ordinalzahlen
Heute/Morgen ist …
… **der 1. / erste** März; **der 2. / zweite** April;
… **der 3. / dritte** Mai; der 7. / **siebte** Juni;
… der 20. / zwanzig**ste** Juli.
Wann hat Opa Geburtstag?
Am 5. / fünf**ten** Mai.
Am 5. 5. / fünf**ten** Fünften.

3 Einladung

Vergleicht die Einladungen. Welche Information fehlt in 1, welche in 2? Ergänzt die Tabelle.

Was gibt es?	Wann?	Wo?	Was sollen die Gäste tun?
Geburtstagsfest			

1

Opa wird 70!
Das wollen wir mit ihm feiern.

Gasthaus Rebstock in Würzburg, Neubaustraße 7
Wann kommt ihr? Bitte Nachricht an Gero und Eva,
Tel. 0157–12 28 385,
E-Mail: mainfischer@yahoo.de

Wer kann etwas auf dem Fest machen?
Musik, Fotos von früher, …

2

Einladung zum Geburtstagsfest
Man glaubt es kaum –
vor 70 Jahren ist Opa Michael geboren!
Wir feiern am **9. Mai ab 14.00 Uhr**.

Das Geburtstagskind
weiß noch nichts!
Bitte bei uns anrufen.

4 Danke für die Einladung

a Auf eine Einladung reagieren: Sortiert die Ausdrücke und schreibt sie ins Heft.

> Danke für die Einladung. • Wir haben die Einladung bekommen, danke! • Wir haben uns über die Einladung sehr gefreut. • Es tut mir leid, … • Ich komme wirklich gern. • Ich freue mich schon. • Ich habe leider nicht frei. • Ich kann leider nicht kommen. • Ich komme bestimmt. • Wir können leider nicht kommen. • Schade.

danken	zusagen	absagen
Danke für die Einladung.		

1.47

b Wer kommt zum Fest? Hört die beiden Gespräche.

1. Wer kommt bestimmt?   2. Wer weiß es noch nicht?   3. Wer kann nicht kommen?

5 Party, Party!

a Was passt zusammen? Ordnet Fragen und Antworten zu. Sprecht zu zweit.

1. Wo können wir feiern?
2. Wie kommen wir zur Party?
3. Wann willst du die Party machen?
4. Und wie kommen wir nach Hause?
5. Mit wem willst du feiern?

A In den Ferien, gleich am 8. Juli.
B Am besten mit dem Bus. Ich schicke euch den Link.
C Papa bringt euch danach mit dem Auto zum Bus.
D Mit den Freunden aus der Schule.
E Bei meinem Vater. Er wohnt auf dem Land.

b Eure Traumparty. Wann und wo ist sie? Mit wem feiert ihr? Überlegt zu zweit.

> Wir feiern mit 100 Freunden.
> Wir fliegen mit dem Flugzeug nach …
> Bei der Party singt/tanzt/spricht …

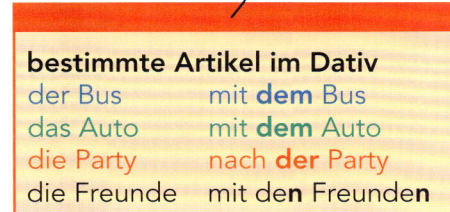

bestimmte Artikel im Dativ

der Bus	mit **dem** Bus
das Auto	mit **dem** Auto
die Party	nach **der** Party
die Freunde	mit **den** Freunde**n**

6 Vor dem Fest

1.48

a Nadja und Jannik sprechen über ein Fest. Was sagen sie über die Verwandten, das Essen und das Programm?

> nett • langweilig • nervig • lecker • blöd
> komisch • peinlich • lustig • super

Jannik findet seine Cousins super.

Nadja denkt, die Cousins sind …

1.49

b Hört weiter. Was ist Nadjas Plan? Wählt aus.

1. Nadja möchte nicht feiern und geht mit Jannik zu Pia.
2. Jannik und Nadja malen für Oma ein schönes Bild.
3. Sie dekorieren und bereiten das Fest vor. Pia hilft ihnen.
4. Nadja lädt ihre Freunde ein und singt mit ihnen zusammen.

c Was ist mit Nadja, Pia und Jannik? Ordnet zu. Welche Gründe passen?

1. Nadja ärgert sich,
2. Jannik freut sich,
3. Nadja langweilt sich,
4. Nadja bedankt sich,
5. Pia freut sich,
6. Jannik langweilt sich,

> … die Verwandten kommen • … das Essen (nicht) gut sein • … ohne Freunde feiern • … mit Freunden feiern • … Geschenke bekommen • … dekorieren und mitfeiern können

freut sich
langweilt sich
ärgert sich
bedankt sich

Nadja ärgert sich, weil die Verwandten kommen.

7 Der große Tag

1.50

Lest und hört das Gespräch. Was machen Nadja, Jannik und ihre Mutter vor dem Fest?

Mama: So, jetzt machen wir uns alle schön. Jannik, du kämmst dich, und Nadja, du ziehst dich hübsch an – vielleicht dein Blumenkleid?

Jannik: Mama, ich habe mich schon gekämmt!

Nadja: Und ich will das Blumenkleid nicht anziehen. Ich mache mich gern schön für Uroma – aber mit Hose.

Mama: Ja, ja, Nadja. Und wascht euch bitte vorher!

Jannik: Aber Mama, ich habe doch gestern schon geduscht.

Nadja: Ich dusche gleich und wasche meine Haare. Und dann föhne ich mich und schminke mich. Aber du bist auch noch nicht fertig, oder, Mama?

Jannik: Ja, du musst dich noch schminken und dich noch anziehen!

Mama: So – jetzt nervt aber nicht! Helft lieber ein bisschen.

Jannik kämmt sich.

Jannik	kämmt sich
Nadja	zieht sich an
Mutter	…

8 Partnerspiel

Fragt einen Partner. Wann oder wo machst du das?

| Wann
Wo | … kämmst du dich?
… wäschst du dich?
… freust du dich?
… ärgerst du dich?
… langweilst du dich? | Ich kämme mich
Ich wasche mich
Ich freue mich
Ich ärgere mich
Ich langweile mich | … am Morgen.
… in meinem Zimmer.
… morgens und abends.
… im Bad.
… , wenn ich Geburtstag habe.
… , wenn es regnet.
… , wenn niemand Zeit hat.
… |

Wo kämmst du dich?

Ich kämme mich in meinem Zimmer. Und wann freust du dich?

> **Reflexive Verben: sich freuen**
> **ich** freue **mich**
> **du** freust **dich**
> **er/sie** freut **sich**

9 Was haben die drei gemacht?

Notiert Sätze mit Verben aus Aufgabe 7 und 8.

Nadja (hat) sich schön (angezogen).

10 Alles Gute, Oma!

a Wie kann man gratulieren?
Welche Ausdrücke kennt ihr?

Gratuliere!

1.51

b Hört das Gespräch. Wie gratulieren Nadja und Pia?

> Herzlichen Glückwunsch! • Gute Besserung! • Alles Gute! • Gesundheit! •
> Ein glückliches neues Jahr! • Wir gratulieren dir! • Ich wünsche dir noch viele glückliche Jahre!

11 Schwaches e und schwaches a

1.52

a Schwaches e und schwaches a am Wortende. Hört die Wörter und sortiert.

Verwandte • Vater • Mutter • Tante • Schwester •
Bruder • Cousine • Geschwister • eine Tochter •
zwei Söhne • viele Leute • drei Kinder • Onkel

schwaches „e"	schwaches „a"
Verwandte	Vater

1.53

b Wo spricht man ein schwaches e, wo ein schwaches a? Sprecht leise. Kontrolliert
mit der CD.

Ich gehe mit dem Vater zu einer Feier. • Die Schwester ist von der Schule gekommen. •
Die Großmutter möchte ihre Enkel sehen. • Meine Tante hat Geschenke mitgebracht.

12 Lecker? Lecker!

a Was ist das? Ordnet den Bildern zu.

1. eine Tasse Kakao, Brötchen mit Butter und Marmelade
2. ein Stück Kuchen, zwei Stück Torte und ein Eis
3. Braten mit Kartoffeln und Soße, Nudeln und Gemüse, Salz und Pfeffer
4. ein Kaffee mit Zucker und Milch, ein Ei, Müsli mit Quark oder Joghurt
5. ein Hamburger mit Käse und Tomaten, ein Paar Würstchen mit Brot
6. Hähnchen mit Reis, dazu ein Glas Orangensaft
7. eine Bratwurst mit Pommes und Brot, eine Flasche Limonade

> Bild A:
> Das ist Braten
> mit …

▶LHB **b Was passt besser? Verwendet die Speisen und Getränke aus 12a.**

> Die Nachspeise
> für den Herrn.

> In Bild 1 passt das
> Wurstbrot nicht. Hier
> passt … oder …

13 Mal so, mal so!

 a Was esst und trinkt ihr wann? Notiert eure Speisen und Getränke.

1. morgens, zum Frühstück
2. vormittags, in der Pause
3. mittags, nach der Schule
4. nachmittags, zwischendurch
5. bei einem Familienfest
6. abends, mit der Familie

> 1. Morgens esse ich ein
> Brötchen mit Butter.
> Ich trinke …

**b Was gibt es auf eurer Traumparty?
Macht einen Speiseplan.**

Kannst du das schon?

auf eine Einladung reagieren: sich bedanken, absagen, zusagen

– Danke für die Einladung. / Wir haben die Einladung bekommen, danke! / Wir haben uns über die Einladung sehr gefreut.
– Ich komme wirklich gern. / Ich freue mich schon. / Ich komme bestimmt.
– Schade. / Es tut mir leid, … / Ich habe leider nicht frei. / Ich kann leider nicht kommen.

Datum und Ordinalzahlen

– Heute ist der erste | zweite | dritte | siebte | zwölfte | fünfzehnte | sechzehnte | einundzwanzigste | fünfundzwanzigste Juli.
– Gestern war der … Juli.
– Ich habe am 15. (fünfzehnten) November Geburtstag.

bestimmte Artikel im Dativ

– nach der Schule / nach der Party / vor dem Abendessen / am Abend / …
– mit dem Bus / mit dem Auto / mit dem Fahrrad / mit der U-Bahn / …
– mit den Freunden / mit den Eltern / mit den Verwandten / …

reflexive Verben

– Ich kämme mich.
– Du ärgerst dich.
– Er wäscht sich im Bad.
– Wir freuen uns.
– Ihr langweilt euch.
– Sie bedanken sich.

Freude und Ärger ausdrücken

– Ich freue mich total. / Das ist doch super.
– Das ist nett/lecker/lustig/komisch/super.
– Wie langweilig/nervig/blöd/peinlich!
– Ach, du bist blöd!

Essen und Trinken

– Morgens esse ich ein Brötchen mit Butter und Marmelade, ich trinke Kakao.
– Mittags esse ich ein Hähnchen mit Reis und Soße und trinke Limonade.
– Abends esse ich ein Paar Würstchen mit Brot und trinke Wasser.

– Auf keinen Fall!
– Mach´s gut.
– Schade.

Noch einmal, bitte

auf eine Einladung reagieren

Ihr seid zu einer Geburtstagsparty eingeladen. Bedankt euch und sagt zu oder ab.

Datum und Ordinalzahlen

Welches Datum ist heute? Welches Datum war gestern? Wann habt ihr Geburtstag?

bestimmte Artikel im Dativ

Wann fahrt ihr nach Hause? Wie fahrt ihr zur Schule? Mit wem feiert ihr Feste?

reflexive Verben

Macht Sätze.
ich | kämmen
du | ärgern
er | waschen
wir | freuen
ihr | langweilen
sie | bedanken

Freude und Ärger ausdrücken

Ihr ärgert euch / freut euch. Was könnt ihr sagen?

Essen und Trinken

Was esst und trinkt ihr morgens, mittags und abends?

Auf keinen Fall!

Grammatikübersicht

Reflexive Verben: sich waschen

Personalpronomen	Reflexivpronomen				
ich	mich	Ich	wasche	**mich**.	
du	dich	Du	langweilst	**dich**.	
er/es/sie	sich	Inka	zieht	**sich**	an.
wir	uns	Wir	ärgern	**uns**.	
ihr	euch	Ihr	freut	**euch**.	
sie	sich	Sie	langweilen	**sich**.	
Sie	sich	Warum	ärgern	Sie	**sich**?

Nebensätze mit *weil*

			Satzende
Henri ist ein Fan von Miley Cyrus. Sie (singt) gut.			
→ Henri ist ein Fan von Miley Cyrus,	**weil**	sie gut	(singt).
→ **Warum** ist Henri ein Fan von Miley Cyrus?	**Weil**	sie gut	(singt).
Ich mag unseren Lehrer. Er (ist) lustig.			
→ Ich mag unseren Lehrer,	**weil**	er lustig	(ist).
→ **Warum** magst du euren Lehrer?	**Weil**	er lustig	(ist).

Bestimmte Artikel im Dativ

	Dativ	
der	**dem**	Ich fahre mit **dem** Bus.
das	**dem**	Treffen wir uns nach **dem** Abendessen?
die	**der**	Fährst du mit **der** U-Bahn?
die	**den**	Hast du schon mit **den** Kindern geredet?

Vergleiche und Superlativ

+	++	+++	
schnell	schnell**er**	am schnell**sten**	Paul läuft genau**so** schnell **wie** ich. Kolja läuft schnell**er als** Paul. Nadja läuft **am** schnell**sten**.
groß	gr**öß**er	am gr**öß**ten	Ich bin **so** groß **wie** Oma. Mein Vater ist gr**öß**er **als** ich. Mein Bruder ist **am** gr**öß**ten.
hoch	h**ö**her	am h**ö**ch**sten**	Unsere Schule ist **so** hoch **wie** der Supermarkt. Das Rathaus ist h**ö**her **als** unsere Schule. Die Kirche ist **am** h**ö**ch**sten**.
gut	**besser**	am **besten**	Ich finde Volleyball **so** gut **wie** Tennis. Ich finde Fußball **besser als** Tennis. Basketball finde ich **am besten**.

Adjektive mit dem bestimmten oder unbestimmten Artikel im Nominativ

	bestimmter Artikel		unbestimmter Artikel	
der	der	Der blau**e** Pullover gehört Jannik.	ein / kein	Paul ist ein gut**er** Schüler. / Robbie ist kein gut**er** Schüler.
das	das	Das grün**e** Kleid gehört Oma.	ein / kein	Nadja ist ein sportlich**es** Mädchen. / Pia ist kein sportlich**es** Mädchen.
die	die	Die braun**e** Jacke gehört Kolja.	eine / keine	Pia ist eine arrogant**e** Freundin, oder? / So ein Quatsch! Pia ist keine arrogant**e** Freundin!
die	die	Die gelb**en** Schuhe gehören Frau Müller.	– / keine	Das sind dumm**e** Fragen. / Nein, das sind keine dumm**en** Fragen.

Adjektive mit dem bestimmten oder unbestimmten Artikel im Akkusativ

	bestimmter Artikel		unbestimmter Artikel	
der	den	Ich finde den rot**en** Rock toll.	einen / keinen	Ich habe ein**en** groß**en** Fehler gemacht. / Nein, du hast kein**en** groß**en** Fehler gemacht.
das	das	Ich mag das gelb**e** Kleid nicht.	ein / kein	Robbie hat ein klein**es** Problem. / Wer hat kein klein**es** Problem?
die	die	Ich finde die grün**e** Jacke cool!	eine / keine	Du hattest eine blöd**e** Idee. / Und du? Hattest du keine blöd**e** Idee?
die	die	Ich mag die weiß**en** Turnschuhe.	– / keine	Ich stelle manchmal dumm**e** Fragen. / Quatsch! Es gibt keine dumm**en** Fragen. Es gibt nur dumm**e** Antworten.

Fertigkeitstraining: Lesen

1 Lesen ist wie Puzzeln ...

 Was passiert auf dem Bild? Lest die Fragen und schreibt Antworten ins Heft.

1. Wer ist auf dem Bild?
2. Was machen die Personen?
3. Welche Farbe hat der Pullover?
4. Welche Farbe hat das Kleid?
5. Wie ist das Wetter?

1. Auf dem Bild sind ...

> *Ihr seht nicht alles, aber ihr könnt die Fragen beantworten, oder? So ist es auch mit Texten. Ihr müsst nicht jedes Wort kennen, aber ihr könnt den Text verstehen.*

2 Leben mit Tieren

 a Lest den Text und schreibt ihn ins Heft. Schreibt die unbekannten Wörter nicht ab, sondern lasst Lücken.

Haustiere früher und heute

Früher lebten auf einem Bauernhof viele Tiere. Es gab oft Pferde, Kühe, Schweine, Katzen und Hunde. Die Tiere unterstützten die Menschen bei der Arbeit oder sie beschützten den Hof. Die Menschen haben ihre nahrhafte Milch getrunken oder ihr leckeres Fleisch gegessen. Diese Tiere hießen „Haustiere".
Heute müssen Haustiere nicht mehr helfen. Sie sind oft unsere Freunde. Nur wenige Leute haben ein Haustier, weil es einen Nutzen hat.

Früher lebten auf einem _____ viele Tiere. Es ...

b Lest euren Lückentext. Was sind die Themen? Sammelt an der Tafel.

Tiere, ...

c Welche Wörter passen in eure Lücken? Ratet. Ihr könnt auch eure Muttersprache benutzen.

Die Tiere <u>unterstützten</u> die Menschen bei der Arbeit.

helfen   kochen   hören

Ich glaube „unterstützten" bedeutet „helfen". Die Tiere helfen bei der Arbeit. Das klingt logisch!

3 Birgit Prinz kickt am besten.

Lest den Text und beantwortet die Fragen. Schreibt die Lösung ins Heft.

Frauen kicken besser
Mit acht Jahren hat die Nationalspielerin besser Fußball gespielt als alle Jungen in ihrer Klasse. Mit 16 Jahren hat sie zum ersten Mal in der deutschen Nationalmannschaft der Frauen gespielt. Jetzt ist sie 31 Jahre alt und mehrfache Weltmeisterin im Frauenfußball. Birgit Prinz ist der Star der Mannschaft.
Bei der Fußball-Weltmeisterschaft 2003 hat sie in sechs Spielen mitgemacht und sieben Tore geschossen. Insgesamt freuen sich ihre Fans über noch viel mehr Tore als sieben.
Aber Birgit Prinz hat neben Fußball noch andere Hobbys. Sie kümmert sich um die jungen Fußballerinnen in einer Fußballschule, spielt gern Badminton, liest oder trifft sich mit Freunden.

1. Mit wie viel Jahren hat Birgit Prinz in der Nationalmannschaft angefangen?

   a Mit 8 Jahren.

   b Mit 16 Jahren.

   c Mit 31 Jahren.

2. Wie viele Tore hat sie 2003 geschossen?

   a Sechs Tore in sieben Spielen.

   b Mehr als sieben Tore.

   c Sieben Tore in sechs Spielen.

Seht ihr? Ihr habt die Texte prima verstanden. Also, keine Angst in der Prüfung! Ihr müsst nicht jedes Wort verstehen!

3. Birgit Prinz

   a hat eine Fußballschule.

   b macht auch anderen Sport.

   c liest zusammen mit ihren Freunden.

Stars und Promis

4 **Berühmte Deutsche**

a **Wer sind die Personen auf den Fotos? Kennt ihr die Namen? Was machen sie?**

> Der Mann auf Foto 1 ist …

b **Lest die Texte. Welcher Text passt zu welchem Foto?**

A

Philipp, ganz privat

Am 11. November 1983 kommt Philipp Lahm in München auf die Welt. Er hat eine ältere Schwester und seine Familie ist ihm sehr wichtig. „Es gibt einen großen Zusammenhalt bei uns in der Familie", sagt Philipp. Bei wichtigen Fußballspielen sind die Eltern von Philipp oft im Stadion. Seit 2004 ist Philipp Fußballspieler in der deutschen Nationalmannschaft. Mit seinem Sport hat er schon sehr früh angefangen: „Ein Freund aus dem Kindergarten hat mich mal zum Training mitgenommen", erinnert er sich.

Philipp wohnt in München. „Ich habe zwei Hasen. Milky Way und Brownie. Die Milky ist schwarz-weiß und der Brownie natürlich braun." Eine harmonische Welt. Und der sympathische Fußballstar ist ganz normal geblieben: Er geht immer noch mit alten Freunden in die gleichen Kneipen wie früher.

B

Von Sarah, mit Liebe

Sarah Connor (* 13. Juni 1980 in Delmenhorst) **ist mit über 12 Millionen verkauften Platten weltweit eine der erfolgreichsten deutschen Sängerinnen. Sie singt Pop und Soul in englischer Sprache.**

Mit dem Singen hat sie schon in der Schule angefangen. 1997 hat Michael Jackson auf einem Konzert in Bremen den „Earthsong" gespielt, da war Sarah im Chor dabei. Ihr erster großer Erfolg war 2001: das Lied „From Sarah with Love". Die Single war wochenlang auf Platz 1. Inzwischen hat sie sechs Alben und eine Weihnachts-CD gemacht. Sie hat schon viele Preise erhalten. Sarah Connor hat zwei Kinder. Ihre Hochzeit mit dem Sänger Marc Terenzi konnte man als Doku-Soap in neun Folgen im Fernsehen ansehen.

C

Fragt Tommy!

Thomas Mario Haas (1978 in Hamburg geboren) hat schon mit elf Jahren Erfolge im Tennis gefeiert. Heute ist er einer der erfolgreichsten deutschen Tennisspieler. Auf seiner Homepage beantwortet er Fragen der Fans:

Carola: Was machst du zuerst, wenn morgens der Wecker klingelt?
Tommy: Ich mache den Wecker aus und überlege: Kann ich noch ein bisschen schlafen? Ich finde frühes Aufstehen nicht schlimm, aber manchmal würde ich gerne länger schlafen. Meistens gehe ich aber sofort ins Bad.
Peter: Wie läuft der Trainingstag bei einem Profi ab?
Tommy: Als Profi hat man viel zu tun. Morgens gehe ich auf den Tennisplatz und nach dem Mittagessen auch wieder. Dann mache ich noch eine Stunde Fitness und lasse mich massieren. Um 19 Uhr oder später ist dann Schluss.
Benno: Wie viele Tennisschläger verbrauchst du im Jahr?
Tommy: Pro Saison gehen bei mir zwischen 50 und 75 Schläger kaputt.

D

Das muss man über Diane Kruger wissen

Diane Kruger hat mit 15 Jahren den Modelwettbewerb „Gesicht des Jahres" gewonnen. Dann hat sich ihr Leben verändert: Arbeit als Model in Paris und Schauspielunterricht. Nach einigen Jahren war es endlich so weit: Sie spielte in verschiedenen Filmen mit. Ein wichtiger Film für sie war „Troja" von Hollywood-Regisseur Wolfgang Petersen. Diane synchronisiert ihre Rollen in vielen Filmen selbst: Sie spricht neben Deutsch fließend Englisch und Französisch. Im Mai 2007 hat Kruger als erste Deutsche bei den 60. Filmfestspielen von Cannes moderiert.

c Arbeitet zu viert. Jeder macht einen Steckbrief zu einer Person in 4a und b. Stellt eure Person in der Klasse vor.

5 Recherchiert zu zweit Informationen über eine weitere bekannte Person aus Deutschland, Österreich oder der Schweiz. Macht einen Steckbrief oder ein Plakat und stellt die Person vor.

Name: Sarah Connor
Geburtsdatum / Ort:
Beruf:
Erfolge:
Privates:
Sonstiges:

9

Wir lernen:
über Geld sprechen | Lieblingsdinge beschreiben | Wörter umschreiben
Sätze mit *dass* | *dieser, dieses, diese* im Nominativ und Akkusativ | *ein, eine* im Dativ | *mein, dein, ...* im Dativ

Mein Geld, meine Sachen

1 Mein Taschengeld

a Seht das Bild an. Ordnet die Sachen in die Tabelle.

T-Shirt

Gitarre

Cola

Computerspiel

Konzertkarte

Kinokarte

Haargummis

Jugendmagazin

Handykarte

Gummibärchen

Comic

Schokoriegel

CD   Lippenstift

Handy/Computer	Süßigkeiten / Fast Food	Musik/Ausgehen	Lesen	Kleidung/Kosmetik
		Kinokarte		

b Wofür gebt ihr euer Geld aus? Wofür am meisten? Wofür nur wenig? Sammelt in der Klasse.

> Am meisten Geld gebe ich für ... aus.

> Ich brauche nur wenig Geld für ...

> Am liebsten kaufe ich ...

2 Jugendliche und ihr Taschengeld

2.2

Hört die Texte von Milli, Jan und Emil. Ergänzt die Tabelle im Heft.

	Taschengeld ja/nein	Wie viel?	Wofür?	Genug Geld?
Milli	ja			
Jan				
Emil				

3 Welcher Taschengeld-Typ bist du?

a Lies den Test. Welche Antworten passen zu dir? Schreib die Buchstaben in dein Heft. Zähle dann deine Punkte.

1. Du siehst ein tolles T-Shirt in einem Laden. Was machst du?
a Ich gehe sofort in den Laden und kaufe es. Es ist egal, was es kostet.
b Ein neues T-Shirt? Ich habe doch erst vor zwei Jahren eins gekauft.
c Ich gehe zuerst nach Hause und zähle mein Geld.

2. Du bekommst Taschengeld von deinen Eltern. Was machst du damit?
a Ich gehe mit meinen Freunden ins Kino und kaufe Popcorn und Cola.
b Jeden Tag nehme ich ein bisschen Geld mit. Den Rest lasse ich zu Hause.
c Einen kleinen Teil behalte ich. Den Rest zahle ich auf mein Sparkonto.

3. Wie oft fragst du deine Eltern nach mehr Taschengeld?
a Nie.
b Selten. Nur dann, wenn ich etwas Wichtiges kaufen möchte.
c Zwei Tage nachdem ich mein Taschengeld bekommen habe.

4. Was möchtest du später arbeiten?
a Arbeiten? Ich heirate reich.
b In einer Bank Geld zählen.
c Egal! Hauptsache, es macht Spaß.

5. Shoppst du gern?
a Nö! Ich habe andere Hobbys.
b Ja, ich liebe es.
c Nein, ich schaue nur.

Frage 1	Frage 2	Frage 3	Frage 4	Frage 5
a 0 Punkte	a 2 Punkte	a 0 Punkte	a 0 Punkte	a 1 Punkt
b 2 Punkte	b 1 Punkt	b 1 Punkt	b 2 Punkte	b 0 Punkte
c 1 Punkt	c 0 Punkte	c 2 Punkte	c 1 Punkt	c 2 Punkte

 b Welcher Typ bist du? Ordnet die Sätze 1–6 den drei Taschengeld-Typen zu. Schreibt alles ins Heft.

8–10 Punkte	Der Sparer: Du hast nie Sorgen mit deinem Taschengeld.
4–7 Punkte	Der Praktische: Geld ist nicht so wichtig für dich.
0–3 Punkte	Der Pleitegeier: Wenn du Geld in die Hand nimmst, ist es sofort wieder weg.

1. Deine erste Million hast du bald gespart.
2. Du denkst, dass deine Eltern dir mehr Geld geben müssen.
3. Du gibst auch gern mal Geld aus, aber nur, wenn du etwas wirklich brauchst.
4. Vergiss beim Sparen nicht, dass Geldausgeben auch Spaß machen kann.
5. Du kannst auch ein bisschen jobben! Dann hast du weniger Zeit fürs Geldausgeben. ☺
6. Am Ende des Monats kannst du selten etwas sparen, aber das nächste Geld kommt ja bald.

Der Sparer: Du hast nie Sorgen mit deinem Taschengeld. Deine ...

▶LHB **c Lest eure Ergebnisse aus 3b. Wie findet ihr euer Testergebnis? Sprecht zu zweit.**

Das Ergebnis passt genau. • Es stimmt überhaupt nicht. • Es passt nicht ganz. • Psychotests sind Quatsch. • Psychotests machen Spaß. • ...

Du bist Sparer?! Ich finde, dass es nicht zu dir passt. Ich meine, dass du ...

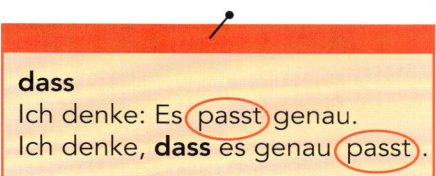

dass
Ich denke: Es passt genau.
Ich denke, **dass** es genau passt.

4 Flohmarkt in der Schule

a Hört die Gespräche auf dem Flohmarkt. Über welche Gegenstände sprechen die Jugendlichen?

> *Im Hörtext 1 sprechen sie über den Nintendo B.*

> *Quatsch! Sie reden über …*

1. der Nintendo

2. das Zelt

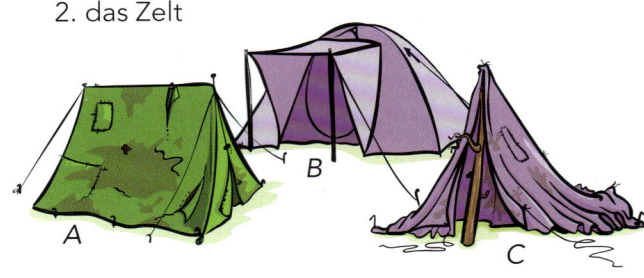

3. die Fußball-Trikots

4. das Foto

b Wählt ein Gespräch aus Aufgabe 4a. Spielt es nach. Der Merkzettel hilft euch.

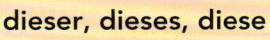

- Hallo. Dieser/Dieses/Diese …
- ○ Aber der/das/die …
- Das ist kein Problem. …
- ○ Bist du sicher? / Meinst du wirklich? … Aber warum …?
- Das ist nicht schlimm. …
- ○ Tut mir leid. / Das ist nichts für mich. / Das kaufe ich bestimmt nicht. …
- Aber …
- ○ Tschüs.

dieser, dieses, diese	
Nominativ	**Akkusativ**
der → **dieser** Nintendo	**diesen** Nintendo
das → **dieses** Zelt	**dieses** Zelt
die → **diese** Farbe	**diese** Farbe
die → **diese** Trikots	**diese** Trikots

c Sucht euch einen Gegenstand aus und schreibt zu zweit einen Dialog wie in 4a. Spielt ihn in der Klasse vor.

> *Hallo. Dieses Fahrrad hier ist doch toll! …*

das Fahrrad

die Handys

die Uhr

der Mantel

5 Alltagsdinge

a Diese Wörter kennt ihr noch nicht. Lest die Erklärungen. Welches Bild passt?

der Pinsel
Mit einem Pinsel kann man Bilder malen.
Er hat Haare.
Er sieht fast so aus wie ein Stift.

die Gummistiefel
Mit Gummistiefeln geht man raus, wenn es regnet.
Die Füße bleiben dann trocken.

 b Jeder erklärt zwei Wörter aus dem Kasten wie in 5a. Schreibt die Erklärungen ins Heft. Lasst das gesuchte Wort weg.

der Topf • der Flaschenöffner • der Füller • der Taschenrechner

die Mikrowelle • die Tastatur • die Flöte

das Tablett • das Moped • das Messer • die Briefmarken

Mit einem _____ kann man …
Man braucht ihn für … Mit einer _____
kann …

ein, eine im Dativ
der Füller → mit ein**em** Füller
das Tablett → mit ein**em** Tablett
die Tastatur → mit ein**er** Tastatur
die Gummistiefel → mit Gummistiefel**n**

▶LHB **c Das Dingsda-Spiel: Lest eure Erklärungen vor. Sagt nicht das Wort. Die anderen raten.**

Mit einem Dingsda kann man …

6 -r- und -er

 a Hört zu. Welches r hört ihr? Ordnet an der Tafel.

2.7

brauchen – Rest – lieber – fahren – reich –
heiraten – Flaschenöffner – sparen – richtig –
vergessen – Autogramm – einer – Trikot –
teuer

r wie in „richtig"	r wie in „meiner"
brauchen, …	lieber, …

b Sprecht die Wörter in der Tabelle nach. Sucht weitere Wörter.

 c Hört zu und sprecht den Satz nach. Wer kann ihn dreimal ohne Fehler sagen?

2.8

Auf dem Rasen rasen Ratten rascher,
rascher rasen Ratten auf dem Rasen.

7 Mein Lieblingsding

a Was denkt ihr? Wem gehört welches Lieblingsding? Hört zur Kontrolle.

2.9

Robbie

der Stift

die Jacke

die Flip-Flops

Paul

Pia

Plato

Frau Müller

das Kuscheltier

die Clownsnase

das Halsband

Oma und Opa

b Ergänzt die richtigen Wörter.

1. Ich laufe mit 🐾 durch die ganze Stadt.
2. Mit 🐾 ist mir nie kalt.
3. Er geht nur mit 🐾 mit den Glöckchen aus dem Haus.
4. Mit 🐾 kann man lustige Sachen machen.
5. Mit 🐾 kann ich super einschlafen.
6. Mit 🐾 in der Hand habe ich immer die besten Ideen.

> *1. Ich laufe mit meinen Flip-Flops durch die ganze Stadt.*

> Ich denke, dass der Stift das Lieblingsding von ... ist.

> **mein, sein, unser im Dativ**
> der → mit mein**em** Stift
> das → mit sein**em**/unser**em** Lieblingsding
> die → mit mein**er** Jacke
> die → mit mein**en** Flip-Flops

8 Dein Lieblingsding

a Lest den Text aus der Zeitschrift und schreibt dann auch einen Text über euer Lieblingsding. Die Wörter unten helfen euch.

Wir haben gefragt: „Was ist dein Lieblingsding?"
Lest hier die Antworten. Schreibt uns auch über euer Lieblingsding mit Foto an: redaktion@foryou.de.

Mein Lieblingsding ist **eine Kette**. Sie erinnert mich an den letzten Sommer. Ich habe sie am Strand gefunden. Ich gehe nur noch mit meiner Kette aus dem Haus. Ich habe schon viele schöne Dinge mit meiner Kette gemacht, zum Beispiel gefeiert und getanzt. Ich glaube, dass sie mir Glück bringt.
Romy, 15

> Mit meinem Lieblingsding gehe/mache/habe/schreibe ich ... • Mein Lieblingsding ist/kann ... Mein Lieblingsding erinnert mich an ... • Ich habe ihn/es/sie von ... bekommen. / Ich habe ihn/es/sie in ... gekauft. • Ich gehe nur mit meinem/meiner/meinen ... aus dem Haus / ins Bett / in den Urlaub / in die Schule / ...

b Hängt eure Texte in der Klasse auf. Die anderen raten: Von wem ist der Text?

Kannst du das schon?

Über Geld sprechen

- Am meisten Geld gebe ich für Handy und Computer / Süßigkeiten und Fast Food / … aus.
- Ich brauche nur wenig Geld für Musik und Ausgehen / Lesen / Kleidung und Kosmetik / …

Lieblingsdinge beschreiben

- Mit meinem Lieblingsding gehe/mache/schreibe ich …
- Mein Lieblingsding ist/kann …
- Mein Lieblingsding erinnert mich an …
- Ich habe ihn/es/sie von … bekommen. / Ich habe ihn/es/sie in … gekauft.
- Ich gehe nur mit meinem/meiner/meinen … aus dem Haus / ins Bett / in den Urlaub / in die Schule / …

Sätze mit dass

- Ich denke, dass es genau passt.
- Er findet, dass es nicht passt.
- Wir meinen, dass Psychotests Quatsch sind.

dieser, dieses, diese im Nominativ und Akkusativ

- Dieser Nintendo hier ist fast wie neu.
  Diesen Nintendo bekommst du für nur 20 Euro.
- Dieses Zelt ist toll.
  Dieses Zelt kann man nur verwenden, wenn es nicht regnet.
- Diese Uhr war sehr teuer.
  Ich finde diese Uhr schön.
- Diese Trikots sind nicht zu klein.
  Ich habe diese Trikots von echten Stars.

ein, eine im Dativ

- Mit einem Topf kann man kochen. Er steht in der Küche.
- Mit einem Tablett kann man Sachen tragen. Dann geht es schneller.
- Mit einer Flöte kann man Musik machen. Sie ist lang.
- Mit Briefmarken kann man Briefe senden. Man kauft sie bei der Post.

mein, dein, … im Dativ

- Mit meinem Stift habe ich die besten Ideen.
- Mit meiner Jacke ist mir nie kalt.
- Mit meinem Kuscheltier kann ich super einschlafen.
- Ich laufe mit meinen Flip-Flops durch die ganze Stadt.

- Hauptsache, es macht Spaß.
- Das ist nichts für mich.

Noch einmal, bitte

Über Geld sprechen

Wofür gebt ihr am meisten Geld aus? Wofür nur wenig?
Macht zwei Sätze.

Lieblingsdinge beschreiben

Beschreibt euer Lieblingsding möglichst genau.

Sätze mit dass

Verbindet die Sätze:
Ich denke: Es passt genau.
Er findet: Es passt nicht.
Wir meinen: Psychotests sind Quatsch.

dieser, dieses, diese

Ihr wollt diese Dinge verkaufen. Beschreibt die Gegenstände:

ein, eine im Dativ

Erklärt die Wörter:

mein, dein, … im Dativ

Ergänzt die Sätze:
Mit … habe ich die besten Ideen. Mit … ist mir nie kalt. Mit … kann ich super einschlafen. Ich laufe mit … durch die ganze Stadt.

Hauptsache, es macht Spaß.

10

Wir lernen:
Zimmer/Orte beschreiben | Möbel | *legen, stellen, ...* | Wünsche äußern: *hätte gern*
Wechselpräpositionen: *auf den Tisch stellen, auf dem Tisch stehen* | indirekte Fragen

So wohne ich

1 **Koljas Sachen sind weg.**

a **Seht die Bilder an. Was sucht Kolja auf welchem Bild? Zwei Sachen passen nicht.**

 1  2  3  4

> *Ich glaube,
> auf Bild 1 sucht
> Kolja ...*

 die Sonnen-brille

 der Tennis-schläger

 der Taschen-rechner

 die Fußball-schuhe

 die Jacke

 die Zahn-spange

2.10

b **Wohin haben Kolja und seine Familie die Sachen getan? Hört zu und erzählt in der Klasse.**

Kolja hat	die Jacke	auf den Balkon gestellt.
Koljas kleiner Bruder Denis hat	die Fußballschuhe	unter das Bett gelegt.
Koljas Schwester Alina hat	den Taschenrechner	ins Müsli gelegt.
Koljas großer Bruder Boris hat	die Zahnspange	in den Rucksack gepackt.
Koljas Mutter hat	die Sonnenbrille	auf den Schrank gelegt.
	den Tennisschläger	hinter die Heizung getan.

2 **Kolja räumt auf.**
Was tut Kolja wohin? Sprecht in der Klasse.

> *Koljas Schwester Alina
> hat den Taschenrechner unter
> das Bett gelegt.*

> **Wohin? in, an, auf, unter, über, vor,
> hinter, neben, zwischen + Akkusativ**
> der Schrank → **an** den Schrank hängen
> das Regal → **neben** das Regal stellen
> die Dose → **in** die Dose tun
> die Bücher → **zwischen** die Bücher legen

> *Kolja stellt die Schuhe vor
> den Schrank. Er hängt den Schal
> über den Tisch.*

3 Ordnung zu Hause

Notiert zwei Dinge für die Freizeit und zwei Dinge für die Schule auf Zettel. Tauscht mit einem Partner eure Zettel und fragt euch gegenseitig: Wohin tut ihr die Dinge?

> *Wohin tust du deine Schultasche?*

> *Ich stelle sie immer vor den Tisch. Und wohin legst du …?*

4 Unordnung im Zimmer von Denis

2.11

a Hört den Dialog. Wer hat Unordnung gemacht? Wer hat die CD genommen?

> *Das war …*

> *Nein, das hat … gemacht.*

> *Die CD hat …*

b Was fragt Denis? Schreibt die Fragen ins Heft. Hört noch einmal zur Kontrolle.

1. Weißt du, 🐾 das war?
2. Weißt du, 🐾 meine Lieblings-CD ist?
3. Weißt du, 🐾 passiert ist?
4. Kannst du mir sagen, 🐾 Mama nach Hause kommt?
5. Weißt du, 🐾 mein Zimmer so durcheinander ist?

> wo • warum • wann • wer • was

> *1. Weißt du, wer das war?*

Indirekte Fragen
Wer (war) das? → Weißt du, **wer** das (war)?

5 Kannst du uns sagen, …?

Spielt zu dritt. Jeder schreibt drei W-Fragen auf Zettel. Mischt dann eure Zettel. Der Erste zieht einen Zettel und liest die Frage vor. Der Zweite stellt die Frage noch einmal, aber indirekt. Der Dritte antwortet und zieht dann den nächsten Zettel.

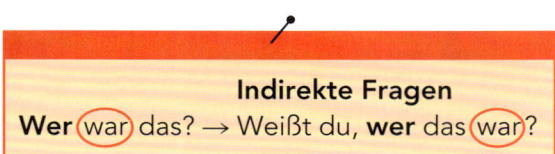

> *Wie spät ist es?*

> *Kannst du uns sagen, wie spät es ist?*

> *Es ist jetzt …*

6 Das neue Zimmer

a Tabeas Ferien in Portugal. Lest die E-Mail an ihre Mutter in Deutschland und beantwortet die Fragen.

> Hallo Mama,
>
> wie geht es dir ohne mich? ;-) Mir geht es sehr gut hier in Porto. Mit Papa und seiner Freundin Antonia verstehe ich mich super. Ich kann jeden Abend lange aufbleiben.
> Du weißt ja, dass Papa eine neue Adresse hat. Weißt du, was toll ist? Das Haus ist größer als seine alte Wohnung, es hat einen Garten und ist ganz nah am Strand! Ich habe jetzt mein eigenes Zimmer hier. Papa hat schon ein paar Möbel gekauft. Das Bett steht links neben dem Fenster. Aber die Decke ist rosa! ☹ Vor dem Fenster steht ein Schreibtisch, aber kein Stuhl. Ein Teppich liegt auch auf dem Boden. Der Teppich ist hellblau!!! Und an den Wänden hängen Poster mit Pferden. Papa denkt, dass ich noch ein kleines Kind bin. Schrecklich! Ein Regal habe ich auch. Es ist rechts an der Wand. Ich schicke dir ein Foto von mir und ein Foto von meinem Zimmer. So sieht mein Zimmer jetzt aus, aber vielleicht räume ich es um. Dann schicke ich dir ein neues Foto.
> Liebe Grüße von Papa und bis bald
> deine Tabea

1. Wen besucht Tabea in Portugal?
2. Warum ist das neue Haus toll?
3. Welche Möbel hat Tabea schon?
4. Wie findet Tabea ihr Zimmer?
5. Warum will Tabea ein neues Foto schicken?

1. Tabea besucht ...

b Lest noch einmal die E-Mail. Welches Foto hat Tabea mitgeschickt?

c Wählt ein Zimmer aus 6b und beschreibt es im Heft.

Neben der Tür steht ein Bett. ...

> **Wo? in, an, auf, unter, über, vor, hinter, neben, zwischen + Dativ**
> der Boden → **auf** dem Boden liegen
> das Fenster → **vor** dem Fenster stehen
> die Tür → **neben** der Tür sein
> die Wände → **an** den Wänden hängen

d Lest eure Beschreibungen in der Gruppe vor. Die anderen erraten das Zimmer.

7 Tabea räumt um.

2.12

a Hört den Dialog. Was hat Tabea noch nicht? Was hätte sie gern für ihr Zimmer?

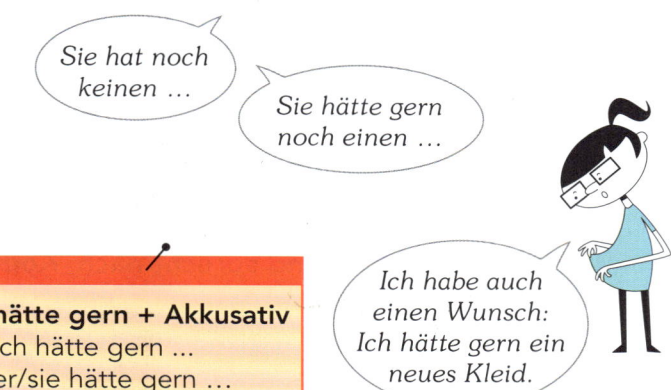

Sie hat noch keinen …

Sie hätte gern noch einen …

Ich habe auch einen Wunsch: Ich hätte gern ein neues Kleid.

> **hätte gern + Akkusativ**
> ich hätte gern …
> er/sie hätte gern …

b Lest die Sätze und seht euch Tabeas Plan an. Wohin will Tabea die Sachen stellen? Korrigiert die Sätze. Hört dann noch einmal zur Kontrolle.

1. Tabea will den Koffer unter die Treppe stellen.
2. Sie will den Kleiderschrank hinter die Tür stellen.
3. Sie will den Stuhl auf den Tisch stellen.
4. Sie will eine Pflanze vor die Tür stellen.

> Sie will den Koffer unter das …
> Sie will …

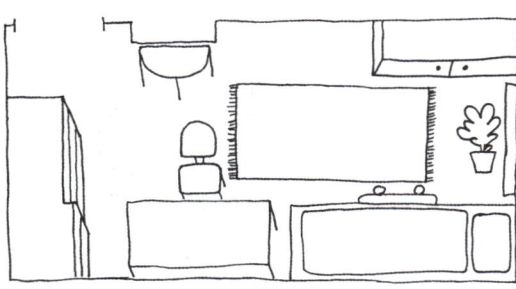

c Tabea hat ihr Zimmer umgeräumt. Wo sind die Sachen jetzt? Tabeas Plan hilft.

> der Koffer • der Kleiderschrank • der Stuhl •
> die Pflanze • der Tisch • das Regal • das Bett

> Der Koffer liegt jetzt unter dem …
> Der Kleiderschrank …

8 Bilddiktat

▸LHB **a** Macht eine Skizze von einem Zimmer mit fünf Möbelstücken. Beschreibt das Zimmer einem Partner. Er/Sie darf die Skizze nicht sehen. Der Partner zeichnet das Zimmer.

Das Bett steht rechts an …

b Mischt alle Skizzen. Welche Skizzen sind Diktatpaare? Hängt sie nebeneinander in der Klasse auf.

9 *b oder w?*

2.13

a Hört ihr *b* oder *w*? Macht eine Tabelle ins Heft und schreibt die Wörter in die richtige Spalte.

...ad ...ann ...ald ...ett ...arum ...alkon ...rauchen ...ohin ne...en ...ohnung ü...er ...rille ...and ...arten Far...e ...etter ...eide ...ichtig

b	w
Bad	

b Hört noch einmal und sprecht nach. Kontrolliert eure Tabelle.

c Hört die Sätze und sprecht nach.

2.14

Wir brauchen ein Bad in der Wohnung und einen Balkon. • Warum liegt die Brille neben dem Bett an der Wand? • Wisst ihr, warum die Bilder im Wohnzimmer wieder auf dem Boden liegen?

10 Schlüsselkinder

a Seht das Foto an. Was bedeutet *Schlüsselkinder*? Diskutiert in der Klasse und notiert eure Ideen an der Tafel.

Ich glaube, dass die Kinder…

Schlüsselkinder
Die Kinder haben …
Sie sind nach der Schule …

2.15

b Hört den ersten Teil vom Radiobeitrag. Was sind Schlüsselkinder? Vergleicht mit euren Ideen aus 10a.

2.16

c Hört jetzt das Interview. Was passt zu wem? Ordnet zu und schreibt Sätze ins Heft.

jetzt Freunde besuchen dürfen • Computer spielen und im Internet surfen wollen • Eltern geschieden • laut und lange E-Gitarre spielen • fernsehen und lesen • Basketball spielen • cool • langweilig • früher mit Katze spielen • nicht erlauben • Katze allein

Nils	Kerstin	Lilli
Seine Eltern sind geschieden. Er …		

11 Allein zu Hause

a Was könnt ihr nur machen, wenn ihr allein zu Hause seid? Diskutiert und sammelt zu zweit.

Man kann ganz lange fernsehen.

Ja, aber das ist auch langweilig.

b Allein sein: Sammelt Vorteile und Nachteile in der Klasse.

Vorteile	Nachteile
6 Stunden fernsehen	keine Witze erzählen

Kannst du das schon?

Möbel

das Bett | der Schrank | die Heizung | der Stuhl | der Tisch | das Regal | der Teppich

Wechselpräpositionen

an | auf | hinter | in | neben | unter | über | vor | zwischen

Wo? Wechselpräpositionen mit Dativ

– Das Regal steht neben der Tür.
– Die Heizung ist links an der Wand.
– Die Bücher liegen auf dem Schreibtisch.
– Die T-Shirts sind im Kleiderschrank.

Wohin? Wechselpräpositionen mit Akkusativ

– Denis hat die CDs auf das Bett gelegt.
– Er hat die Schuhe unter das Bett gestellt.
– Er hat die Schultasche vor das Bett gestellt.

indirekte Fragen

– Weißt du, wo der Koffer ist?
– Wisst ihr, wohin Tabea die Pflanze stellt?
– Können Sie mir sagen, was die Sonnenbrille kostet?

Wünsche äußern

– Ich hätte gern einen Stuhl in meinem Zimmer.
– Ich hätte gern eine Pflanze für mein Zimmer.
– Ich hätte gern ein neues Kleid.
– Ich hätte gern Ferien.

– Siehste! Hab ich doch gesagt!
– Weißt du, was toll ist?
– Schrecklich!

Noch einmal, bitte

Möbel

Was gibt es in eurem Zimmer? Macht eine Liste.

Wechselpräpositionen

Nennt die neun Wechselpräpositionen.

Wo?

Beschreibt euer Zimmer. Wo stehen, liegen oder hängen eure Sachen und Möbel? Schreibt vier Sätze.

Wohin?

Wohin hat Denis die Sachen getan?

indirekte Fragen

Fragt indirekt:

Wo ist der Koffer?

Wohin stellt Tabea die Pflanze?

Was kostet die Sonnenbrille?

Wünsche äußern

Was hättet ihr gern? Nennt drei oder vier Wünsche.

Siehste! Hab ich doch gesagt!

11

Wir lernen:
über Städte sprechen | Zahlen bis eine Million | Formulare verstehen | einen Weg beschreiben
Modalverb *dürfen, nicht dürfen* | Adjektive im Dativ | Sätze mit *denn*

Stadtgeschichten

1 Leben in Berlin

2.17

a Seht die Fotos und Schilder an und hört die Szenen. Welche Szene passt zu welchem Bild?

Szene 1 passt zu Bild 3.

b Was ist auf den Fotos? Wählt aus und sammelt an der Tafel. Nicht alles passt.

das Museum • der Flughafen • die Kirche • das Café •
der Stadtpark • der Bahnhof • die Altstadt • das Kaufhaus •
der Platz • der Spielplatz • das Rathaus • der Zoo •
das Schloss • die Fußgängerzone • der Fernsehturm

Bild 1: die Kirche, ...
Bild 2: ...

▶LHB

c Was darf man? Was darf man nicht? Schreibt fünf Sätze ins Heft.

Im Park	darf	ich	laut sprechen.
Im Zoo	darfst	du	telefonieren.
Im Museum	dürfen	man	rauchen.
In der Kirche	dürft	wir	essen.
Am Flughafen		ihr	fotografieren.
...			Fußball spielen.
			...

dürfen
ich darf   wir dürfen
du darfst   ihr dürft
er/sie darf   sie dürfen
Im Park (darf) man (telefonieren).

Hier darf ich nicht parken. Verboten!

Im Park dürfen wir telefonieren.
Im Museum darf man nicht fotografieren.

2 Die Hauptstadt von Deutschland

a Lest den Text. Was gibt es in Berlin?

Berlin liegt im Nordosten Deutschlands, hat heute über drei Millionen Einwohner und ist seit 1990 wieder die Hauptstadt von Deutschland. Berlin existiert seit 800 Jahren und hat eine spannende Geschichte – mit Königen und Kaisern, Kriegen und Krisen. 41 Jahre lang hat die Stadt zu zwei Ländern gehört: zur BRD und zur DDR. In dieser langen Zeit hatten die Einwohner aus beiden Ländern nur wenig Kontakt.
Viele Deutsche und Ausländer wollen in Berlin wohnen, weil die Stadt viel bietet: über 170 Museen, 1700 Brücken, Sehenswürdigkeiten, Geschäfte, Cafés, Clubs usw. In den berühmten Museen kann man andere Kulturen kennenlernen, im schönen Zoo Tiere ansehen, im nahen Wannsee schwimmen, im eleganten und teuren KaDeWe (Kaufhaus des Westens) einkaufen, in den schicken Clubs tanzen. Fast acht Millionen Besucher kommen jedes Jahr nach Berlin, allein aus Europa über zwei Millionen und aus Amerika circa 400000. Außerdem leben hier Menschen aus verschiedenen Kulturen zusammen. Und so ist Berlin heute eine bunte, internationale Metropole.

Berlin

Norden
Westen—Osten
Süden

In Berlin gibt es …

b Welche Zahl ist das? Ordnet zu und schreibt zu jeder Zahl einen Satz.

41	neunzehnhundertneunzig
170	einundvierzig
800	vierhunderttausend
1700	acht Millionen
400 000	(ein)hundertsiebzig
8 000 000	achthundert
1990 (Jahreszahl)	(ein)tausendsiebenhundert

Zahlen
200 – zweihundert
1000 – (ein)tausend
2000 – zweitausend
100 000 – hunderttausend
1 000 000 – eine Million
Jahreszahlen vor dem Jahr 2000
1995 – neunzehnhundertfünfundneunzig

41 – einundvierzig. Die Stadt hat 41 Jahre zu zwei Ländern gehört.

c In jedem Satz sind zwei Informationen falsch. Korrigiert die Sätze und schreibt sie richtig ins Heft.

1. In den langweiligen Museen lernt man nichts.
2. Im hässlichen Zoo kann man Tiere kaufen.
3. Im fernen Wannsee darf man nicht schwimmen.
4. Im billigen KaDeWe kann man etwas verkaufen.
5. In den scheußlichen Clubs muss man stehen.

1. In den berühmten Museen lernt man andere Kulturen kennen.

Adjektive im Dativ (I)
im schön**en** Zoo
im elegant**en** Kaufhaus
in **der** lang**en** Zeit
in **den** berühmt**en** Museen

3 Eure Stadt

▶LHB **a Welche Stadt kennt ihr gut? Sammelt in der Klasse.**

Wo liegt die Stadt? Wie viele Einwohner gibt es? Wie alt ist die Stadt? Wer wohnt da? Was ist berühmt? Was kann man da machen? Was können Touristen sehen? …

b Schreibt über eure Stadt einen kurzen Text für Touristen.

4 Langeweile

a Seht das Foto an. Kennt ihr die Situation? Sprecht in der Klasse.

 2.18 **b** Hört den Dialog. Welche Orte nennt die Mutter? Macht Notizen. Wie findet ihr die Vorschläge?

die Bücherei

Bücherei finde ich nicht so toll.

2.19 **c** Hört den zweiten Teil vom Gespräch. Was will Peter machen? Warum muss die Mutter mitkommen?

5 Formular für die Kletterhalle ausfüllen
Füllt das Formular für Peters Mutter aus. Ordnet die Informationen zu.

Kletterhalle „Gipfelstürmer"
Einverständniserklärung für Minderjährige ab 14 Jahren

1. Name der Mutter / des Vaters _____

2. Straße _____   3. Hausnummer _____

4. Postleitzahl _____   5. Ort _____

6. Telefonnummer _____   7. E-Mail-Adresse _____

Hiermit erkläre ich mich einverstanden, dass unsere Tochter / unser Sohn

8. Vorname _____   9. Nachname _____

10. Geburtsdatum _____

die Kletterhalle „Gipfelstürmer" benutzen darf. Mit meiner Unterschrift akzeptiere ich die Hallenordnung.

11. Datum _____   12. Ort _____

13. Unterschrift des/der Erziehungsberechtigten _____

ausgewiesen durch ☐ Reisepass ☒ Personalausweis ☐ Führerschein

---

A 17.06.2011
B hoffeli@emden.de
C 22.4.1997
D 42b
E Hoffmann

F Elisabeth Hoffmann
G Emden
H Emden
I 26727
J Emil-Nolde-Straße

K (04927) 3389755
L Elisabeth Hoffmann
M Peter

1–F

6 Ohne Regeln geht es nicht.

a Die Regeln sind durcheinander. Sortiert die Sätze.

1. Die Kletterhalle darf man nur mit
2. Kinder unter 14 Jahren müssen mit
3. Alle Anfänger müssen zu
4. Am besten klettert man mit
5. Einen Mitgliedsausweis bekommt man nur mit
6. Nur Profis dürfen an den Wänden im

   A einem aktuellen Foto.
   B rechten Teil der Halle klettern.
   C einer bequemen Hose.
   D einem praktischen Kurs kommen.
   E sauberen Schuhen betreten.
   F einem erfahrenen Trainer klettern.

> *Die Kletterhalle darf man nur mit sauberen Schuhen betreten.*

b Arbeitet zu zweit und notiert Regeln zu den Orten.

In die Bücherei darf man nur mit …
In die Bücherei darf man nicht mit …
Ins Schwimmbad darf man nur mit …
In den Fitnessclub darf man nur mit …
In ein Internetcafé darf man nicht mit …

groß – Tasche
heiß – Getränke
eigen – Handtuch
gültig – Ausweis
sauber – Schuhe

> *Adjektive im Dativ: immer „n" am Ende.*

In die Bücherei darf man nur mit einem gültigen Ausweis.

Adjektive im Dativ (II)
ein**em** erfahren**en** Trainer
ein**em** aktuell**en** Foto
ein**er** bequem**en** Hose
sauber**en** Schuh**en**

---

7 Ein kleiner Unterschied: *m* und *n*

2.20

a Hört die Wörter. Hört ihr *n* oder *m* am Ende? Zeigt auf eure Nase (*n*) oder euren Mund (*m*).

eine    a   i    bunte    elegante    nahe    berühmte

beide ...   a ...   ferne ...   billige ...   i ...   neue ...   eine ...

2.21

b Wo ist das? Hört die Orte und sprecht nach.

im neuen Flughafen
in den berühmten Museen

im schönen Zoo
auf einem großen Markt

c Lest die Sätze laut.

1. Nach München möchte Nils mit meinem neuen Moped fahren.
2. Im Sommer schwimmt Mona in einem nahen See.
3. Meine arme Tante Nadine trinkt gern teuren Wein.

8 Robbie ist fleißig.

**a Seht das Bild an. Was passiert hier?
Welche Begründung ist richtig? Ratet in der Klasse.**

Jugendzentrum
an der Autobahn
**Tag der offenen Tür
Bist du dabei?**

ab 14 Uhr   Spiele, Sport
und Disco

17 Uhr   Zaubershow

18 Uhr   **Konzert
„Wild Guitars"**

21 Uhr   Open-Air-Kino

1. Robbie arbeitet, denn er braucht Geld für eine neue Gitarre.
2. Robbie verteilt Zettel, denn er sucht ein Bandmitglied.
3. Robbie macht Werbung, denn er hat ein Konzert mit seiner Band.

**b Was machen Anton, Nadja und Pia? Warum? Ratet in Gruppen und schreibt
Begründungen.**

denn
Anton übt jonglieren.
Warum? Er hat einen Auftritt.
Anton übt jonglieren,
denn er hat einen Auftritt.

möchte besser werden • will zu einer Freundin fahren • möchte hübsch aussehen •
geht auf ein Konzert • sucht eine Straße • ist auf ein Fest eingeladen •
plant eine Städtereise • hat einen Auftritt

Pia liest den Stadtplan, denn ...

9 Wie kommen wir zum Konzert?

2.22

**a Hört das Gespräch von Robbie und seinen
Freunden. Was ist das Problem?**

**b Seht den Plan an. Wo ist Robbies Konzert?
Beschreibt den Weg richtig.**

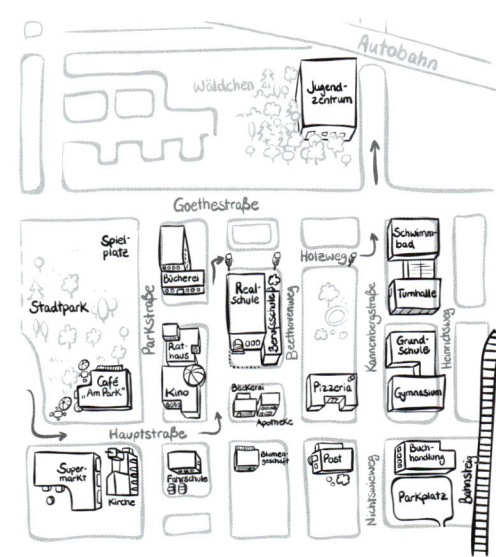

geradeaus • links • rechts • nach … • an dem/
der … vorbei • an ... • vor ... • der ersten/
zweiten/letzten ... • an der Ampel rechts

Kannst du das schon?

Noch einmal, bitte

Orte in der Stadt

der Bahnhof | das Café | die Fußgängerzone | die Kirche | das Museum | der Platz | das Rathaus | der Zoo

Orte in der Stadt
Nennt fünf Orte in einer Stadt.

Modalverb dürfen, nicht dürfen

Hier darf man nicht essen und trinken.

Hier darf man nicht fotografieren.

Hier darf ich Rad fahren.

Modalverb dürfen, nicht dürfen
Was darf man hier, was darf man nicht?

über Städte sprechen

Berlin hat über drei Millionen Einwohner.

Berlin ist 800 Jahre alt.

In Berlin gibt es viele Museen und Sehenswürdigkeiten.

In Berlin ist der Alexanderplatz berühmt.

Man kann in Berlin gut einkaufen.

über Städte sprechen
Beschreibt die Hauptstadt in eurem Land: Wie viele Einwohner? Wie alt? Was gibt es dort? Was ist berühmt? Was kann man machen?

Zahlen bis eine Million

achthundertsiebenundsechzig, siebentausendvierhundert, sechstausenddreihundertachtundzwanzig, elftausend, fünfhundertdreißigtausend

Zahlen bis eine Million
Lest die Zahlen laut:
867, 7400, 6328, 11000, 530000

Jahreszahlen

1965 – neunzehnhundertfünfundsechzig

2001 – zweitausendeins

2010 – zweitausendzehn

Jahreszahlen
Wann ist deine Mutter / dein Vater geboren? Wann bist du geboren? Welches Jahr ist jetzt?

Adjektive im Dativ (I) mit dem bestimmten Artikel

Im schönen Zoo kann man viele Tiere sehen.

Im teuren Kaufhaus gibt es Dinge aus der ganzen Welt.

In der großen Stadt ist immer etwas los.

In den berühmten Museen sind viele Touristen.

Adjektive im Dativ (I)
Ergänzt das Adjektiv:
im Zoo (schön)
im Kaufhaus (teuer)
in der Stadt (groß)
in den Museen (berühmt)

Adjektive im Dativ (II) mit dem unbestimmten Artikel

Mit einem erfahrenen Trainer lernt man schneller klettern.

Mit einem aktuellen Foto bekommt man einen Ausweis.

Mit einer bequemen Hose kann man gut klettern.

Mit sauberen Schuhen darf man die Kletterhalle betreten.

Adjektive im Dativ (II)
Wie heißt das Adjektiv?
mit einem erfahren__ Trainer | mit einem aktuell__ Foto | mit einer bequem__ Hose | mit sauber__ Schuhen

Sätze mit denn

Robbie arbeitet, denn er braucht Geld.

Sätze mit denn
Verbindet den Satz:
Robbie arbeitet. Er braucht Geld.

Oh ne!

Oh Mann!

Ich habe keine Lust!

Versprochen!

Oh ne!

Wir lernen:
Aktivitäten in der Natur | Gefühle ausdrücken | SMS verstehen | Wetter | eine Geschichte schreiben
sondern | *deshalb/darum, trotzdem* | Vergleichssätze mit *als* und *wie*

12

Raus in die Natur

1 Hinaus aus der Stadt

a Was glaubt ihr: Was wollen die Personen machen? Sammelt in der Klasse.

> *Ein Mädchen hat viele Karotten und will …*

2.23

b Hört die Interviews. Was haben die Jugendlichen wirklich vor?

> *Der Junge mit der Trompete …*

2 In der Natur unterwegs

a Was passt zu den Personen? Ordnet den Personen Ausdrücke zu.

> angeln • ein Picknick machen • faulenzen • einen Ausflug machen • im Verein Fußball spielen •
> im See schwimmen • im Wald spielen • klettern • Mountainbike fahren • Beeren sammeln •
> reiten • einen Spaziergang machen • wandern • am Wasser spielen • sich sonnen •
> auf der Wiese liegen

	1		2		3		4

Herr König	Lea und Elias	Stefan und Dominik	Frau Bürger
einen Ausflug machen			

 b Erfindet Sätze. Schreibt ins Heft.

> *Herr König klettert nicht, sondern geht spazieren.*
> *Lea und Elias sonnen sich nicht, …*

> **sondern**
> Herr König klettert nicht. Er macht einen Ausflug.
> Herr König klettert **nicht, sondern** (er) (macht) einen Ausflug.

3 Tabeas Hobby

a Seht die Fotos an. Was macht Tabea? Was ist passiert? Beschreibt zu zweit.

allein reiten

das Pferd
der Stall

der Sattel
fallen

Tabea arbeitet im Stall.

b Welche Sätze passen zusammen? Schreibt ins Heft.

1. Tabea liebt Pferde,
2. Reiten ist teuer,
3. Die Arbeit im Stall ist anstrengend,
4. Tabea kann schon sehr gut reiten,
5. Sie ist einmal vom Pferd gefallen,

A trotzdem macht sie das gern.
B darum darf sie auch allein reiten.
C deshalb ist Reiten ihr großes Hobby.
D trotzdem hat sie keine Angst.
E deshalb jobbt sie auf dem Reiterhof.

Tabea liebt Pferde, deshalb ist Reiten ihr großes Hobby.

4 Oh je!
Schreibt Sätze zu den Bildern. Verwendet *deshalb* oder *trotzdem*.

Es regnet. Deshalb bleibe ich zu Hause. Trotzdem gehe ich ...

deshalb/darum
Es regnet, **deshalb** bleibe ich zu Hause.
Mein Knie ist verletzt. **Darum** mache ich keinen Sport.
trotzdem
Es regnet. **Trotzdem** gehe ich raus.

5 Was mögt ihr? Was nicht?

Ergänzt die Sätze im Heft.

... macht mir viel/keinen Spaß. Trotzdem/Deshalb ...
... ist schwer/langweilig. Trotzdem/Deshalb ...
... ist super/toll. Trotzdem/Deshalb ...

Sport macht mir viel Spaß. Trotzdem mag ich Sport in der Schule nicht. ...

6 Feriencamps

 a Lest die Texte. Was kann man wo machen? Ergänzt die Tabelle im Heft.

Nirgends ist das Meer so nah – Gästehaus auf der Insel Neuwerk
Einmal etwas ganz anderes: eine kleine Insel im Meer, in einer gesunden Umwelt, nur 40 Menschen leben hier. Du kannst Vögel beobachten, Muscheln sammeln oder rund um die Insel wandern (Dauer ca. 1 Stunde). Und du kannst lernen, wie man die Umwelt schützt. Hier hat man das Gefühl, man lebt im Meer und nicht nur am Meer. Natürlich gibt es einen schönen und großen Strand zum Schwimmen und einen kleinen Ballspielplatz.

Eine Woche fast nur im Freien sein – Jugenddorf in der Sächsischen Schweiz

Wollt ihr in eine dunkle Höhle wandern, die Welt unter der Erde entdecken? Wollt ihr draußen in der Natur Material sammeln und damit kreativ sein? Wollt ihr in wunderschöner Landschaft grillen und am Lagerfeuer sitzen, mit Geschichten und Musik? Wollt ihr eine Woche (fast) nur im Freien sein? In unserem Dorf gibt es Sportplätze für Fußball, Volleyball und Tischtennis. Oder lieber klettern? Ein Schwimmbad ist auch in der Nähe. Es gibt viele Möglichkeiten bei jedem Wetter: Zum Beispiel kann man Dresden besichtigen.

auf der Insel Neuwerk	in der Sächsischen Schweiz
Vögel beobachten, …	

b Welche Aussagen sind richtig, welche falsch? Schreibt ins Heft.

1. In der Sächsischen Schweiz kann man nicht so gut schwimmen wie auf der Insel Neuwerk.
2. Auf der Insel Neuwerk kann man länger wandern als in der Sächsischen Schweiz.
3. Auf Neuwerk kann man genauso gut grillen wie im Jugenddorf in der Sächsischen Schweiz.
4. Im Jugenddorf kann man besser Ball spielen als auf der Insel Neuwerk.

1. richtig

7 Ich in den Ferien

 a Was macht ihr gern, was lieber? Ergänzt die Sätze im Heft.

Ich mag … (genau)so / nicht so gern wie …
Ich finde … (genau)so / nicht so gut wie …
… macht mir mehr/weniger Spaß als …
Ich finde … besser/schlechter als …

Vergleichssätze mit wie und als
Ich mag die Berge (genau)**so** gern **wie** das Meer.
Ich finde Sport nicht **so** gut **wie** Faulenzen.

Schwimmen macht mir **mehr** Spaß **als** Wandern.
Ich finde Grillen **besser als** Picknick.

▸LHB **b Schreibt drei Aktivitäten im Freien auf je einen Zettel. Sammelt die Zettel ein und mischt sie. Jeder zieht drei Zettel. Sucht einen Partner. Macht Vergleiche.**

Muscheln sammeln

wandern

Ich finde Muscheln sammeln genauso blöd wie wandern. Und du?

8 Eine Nacht im Zelt

a Wie ist das Wetter? Ordnet die Wetter-Ausdrücke zu und beschreibt die Bilder.

Das Wetter ist schön.

Ein Gewitter kommt.

Das Wetter wird schlecht.

Die Sonne scheint.

Es blitzt und donnert.

Es gibt starken Wind.

Es gibt ein paar Wolken am Himmel.

Es regnet.

▶LHB **b Erzählt die Geschichte. Die Ausdrücke helfen.**

> Das Wetter ist schön.
> Die Freunde wollen an
> einem See campen.

- -
am Lagerfeuer sitzen • an einem See campen • zusammen die Zelte
aufstellen • große Rucksäcke tragen • im Zelt schlafen • Würstchen grillen •
über eine Wiese laufen • schwimmen • Angst haben • zufrieden sein
- -

9 Szenen

a Welche Ausdrücke passen zu welchem Gesicht? Schreibt ins Heft.

> genervt: Wie weit ...
> glücklich: ...

genervt   glücklich   ängstlich

- -
Wie weit ist es noch? • Mensch, ist das super! • Ich hab Angst! • So ein feiner Tag! •
Uh, ist das unheimlich! • So ein Blödsinn! • Ich mag nicht mehr! • Das ist ja schrecklich! •
Ist das toll hier! • Hilfe! • Der Rucksack ist so schwer. • Kannst du mir nicht helfen? •
Ich fürchte mich so! • Echt cool!
- -

▶LHB **b Wählt zu zweit oder zu dritt eine Szene aus der Geschichte. Schreibt einen Dialog. Übt die Szene und spielt sie vor.**

10 Am Tag danach

a Lest die SMS und hört das Telefongespräch. Welche SMS hat Nadja geschrieben?

2.24

	1
Hallo! Super Nacht!!! lol Ein Riesengewitter, total aufregend! Die anderen hatten wahnsinnig Angst, ich bin cool geblieben. Alles war nass. Heute ist wieder super Wetter. GG!	
Optionen Weiter Zurück	

	2
hi! voll krass gestern!!! das war ein wildes gewitter in der nacht. ich hatte auch ein bisschen angst! zum glück ist paps gekommen und bei uns geblieben. hdl	
Optionen Weiter Zurück	

	3
Bin fix und fertig! Riesengewitter in der Nacht, die Zelte waren total nass. Hatte sooo Angst! Wir sind in der Nacht zum Parkplatz gelaufen, Papa hat uns alle geholt. Ich bin heute total k. o. Biba	
Optionen Weiter Zurück	

SMS-Sprache:

Bis **ba**ld   **h**ab **d**ich **l**ieb   **G**roßes **G**rinsen☺   **l**aughing **o**ut **l**oud: Lautes Lachen

b Hört das Telefongespräch noch einmal. Welche Aussage passt: A oder B?

1. A Die Nacht gestern war sehr schön.   B Der Abend gestern war sehr schön.
2. A Wir haben am Feuer gegrillt.   B Wir konnten nicht grillen, weil es geregnet hat.
3. A Es war noch hell, da ist ein Gewitter   B In der Nacht ist ein Gewitter gekommen.
     gekommen.
4. A Ich habe mich sehr gefürchtet.   B Alle haben sich gefürchtet, nur ich nicht.
5. A Ich habe meinen Papa angerufen.   B Papa hat mich angerufen.

1B;

11 Was habt ihr im Freien erlebt?

Macht Notizen. Schreibt eine Geschichte. Verwendet verschiedene Satzanfänge.

dann • danach • plötzlich • später • am Schluss • schließlich

sonnig, allein zu Hause

Das Wetter war sonnig, es war ein wunderbarer Tag. Ich war allein ...

12 Wortakzent

a Hört die Wörter. Schreibt sie ins Heft.

2.25

1. freundlich

b Hört noch einmal. Markiert den Wortakzent und sprecht leise nach. Sprecht dann laut im Chor.

1. fre<u>u</u>ndlich

c Wo ist der Wortakzent? Lest laut. Klopft zu jeder Silbe, klopft beim Wortakzent stärker. Kontrolliert mit der CD.

2.26

1. der Freund – freundlich – unfreundlich   3. das Interesse – interessant – uninteressant
2. das Glück – glücklich – unglücklich   4. die Ruhe – ruhig – unruhig

Kannst du das schon?

Aktivitäten in der Natur

– in den Bergen: klettern | wandern | Mountainbike fahren …
– am Wasser: schwimmen | angeln | segeln | sich sonnen …
– im Wald und auf der Wiese: Picknick machen | grillen | Tiere beobachten | faulenzen | …

Vergleichssätze mit als und wie

– Wandern ist blöder als Mountainbike fahren.
– Klettern im Freien macht mehr Spaß als in der Halle.
– Grillen mag ich genauso gern wie Picknick machen.
– Segeln finde ich nicht so langweilig wie Angeln.

Gefühle ausdrücken

– Ich hab Angst! / Hilfe! / Es ist so unheimlich! / Das ist ja schrecklich! / Ich fürchte mich so!
– Mensch, ist das super! / Ist das toll hier! / So ein feiner Tag! / Echt cool!
– Kannst du mir nicht helfen? / Wie weit ist es noch? / So ein Blödsinn! / Ich mag nicht mehr!

Eine Geschichte erzählen oder schreiben

Wir sind zu einem See gefahren. Wir sind geschwommen und haben gefaulenzt. Danach haben wir ein Lagerfeuer gemacht. Aber das war verboten. Plötzlich ist die Polizei gekommen und hat unsere Eltern angerufen. Schließlich …

Sätze mit sondern

– Ich will nicht wandern, sondern faulenzen.
– Das Feriencamp war nicht cool, sondern es war langweilig.
– Herr König macht heute keinen Ausflug, sondern bleibt zu Hause.

deshalb/darum, trotzdem

– Das Wetter ist schön. Deshalb fahre ich an den See.
– Ein Gewitter ist gekommen. Trotzdem habe ich draußen im Zelt geschlafen.
– Es regnet. Darum bleibe ich zu Hause.

Ich mag nicht mehr!
So ein Blödsinn!
Ich hab Angst!
He, bleib cool!

Noch einmal, bitte

Aktivitäten in der Natur

Was kann man im Freien machen? Notiert je zwei Aktivitäten in den Bergen, am Wasser, im Wald und auf der Wiese.

Vergleichssätze mit als und wie

Vergleicht Aktivitäten in der Natur. Was findet ihr besser als …? Was findet ihr genauso gut wie …?

Gefühle ausdrücken

Was kann man sagen, wenn …

… man Angst hat?
… es sehr schön ist?
… etwas nervt?

Eine Geschichte erzählen oder schreiben

Was habt ihr schon in der Natur erlebt? Schreibt eine Geschichte mit fünf Sätzen. Verwendet *dann, plötzlich, danach, später, schließlich*.

Sätze mit sondern

Macht Sätze mit sondern:
Ich will nicht wandern. Ich will faulenzen. / Das Feriencamp war nicht cool. Es war langweilig. / Herr König macht heute keinen Ausflug. Er bleibt zu Hause.

deshalb/darum, trotzdem

Macht passende Sätze:

Ich fahre an den See.

Ich habe draußen im Zelt geschlafen.

Ich bleibe zu Hause.

Ich mag nicht mehr!

Grammatikübersicht

Wünsche äußern: *hätte gern* + Akkusativ

	Akkusativ
Hast du einen Wunsch?	Ich **hätte gern** eine neue Hose.
Mir ist langweilig.	Ich **hätte gern** ein spannendes Buch.

Modalverb: *dürfen*

	dürfen
ich	**darf**
du	**darfst**
er/es/sie	**darf**
wir	dürf**en**
ihr	dürf**t**
sie/Sie	dürf**en**

	Position 2		Satzende
Im Kino	darf	man Popcorn	essen .
Im Theater	darf	man nicht	essen .

Konjunktionen: *deshalb/darum, trotzdem*

deshalb/darum	Das Wetter ist schlecht. Ich bleibe zu Hause.
	→ Das Wetter ist schlecht. **Deshalb** bleibe ich zu Hause.
	→ Das Wetter ist schlecht, **darum** bleibe ich zu Hause.
trotzdem	Ich habe keine Lust. Ich muss lernen.
	→ Ich habe keine Lust, **trotzdem** muss ich lernen .

Konjunktion: *sondern*

sondern	Ich lerne nicht. Ich höre Musik. → Ich lerne **nicht**, **sondern** ich höre Musik.
	Ich sammle keine Pilze. Ich sammle Beeren. → Ich sammle **keine** Pilze, **sondern** Beeren.

Sätze mit *denn*

Robbie arbeitet.	Warum?	Er braucht Geld.
Robbie arbeitet,	**denn**	er braucht Geld.

Nebensätze mit *dass*

		Satzende
Ich denke: Die Musik ist toll.	→ Ich denke, **dass** die Musik toll	ist .
Ich finde: Der Rock passt zu dir.	→ Ich finde, **dass** der Rock zu dir	passt .

Indirekte Fragen

		Satzende
Sag mir: Wo war das?	→ Sag mir, **wo** das	war .
Weißt du: Wer hat meine CD genommen?	→ Weißt du, **wer** meine CD genommen	hat ?

Unbestimmte Artikel und Possessivartikel im Dativ
einem, einer   *meinem, meiner*

	Dativ			
der	einem	Mit einem Topf koche ich.	meinem	Mit meinem Topf koche ich.
das	einem	Mit einem Handy telefoniert man.	deinem	Mit deinem Handy telefonierst du.
die	einer	Mit einer Uhr ist man pünktlich.	seiner/ ihrer	Mit seiner/ihrer Uhr ist er/sie pünktlich.
die	–	Ich feiere mit Freunden.	ihren	Sie feiert mit ihren Freunden.

Adjektive im Dativ

	Dativ	
der	dem, einem, keinem, meinem …	Im großen See vor der Stadt schwimme ich jeden Samstag mit meinem besten Freund.
das	dem, einem, keinem, meinem …	Ich möchte in keinem teuren Geschäft einkaufen. Ich kaufe lieber im billigen Kaufhaus ein.
die	der, einer, keiner, meiner …	Mit einer bequemen Hose kann man in der großen Halle am besten klettern.
die	den, –, keinen, meinen	Mit meinen kleinen Schwestern ist es bei schrecklichen Familienfeiern nie langweilig.

Wechselpräpositionen mit Akkusativ oder Dativ

Präposition	Akkusativ: Wohin?	Dativ: Wo?
auf	Ich lege das Kissen **auf** den Stuhl.	Ich sitze **auf** dem Stuhl.
in	Ich hänge die Jacke **in** den Schrank.	Die Jacke hängt **im** Schrank.
unter	Ich werfe den Ball **unter** den Tisch.	Der Ball bleibt **unter** dem Tisch.
neben	Ich stelle die Pflanze **neben** das Bett.	Die Pflanze steht **neben** dem Bett.
über	Das Flugzeug fliegt **über** das Haus.	Die Sonne steht **über** dem Haus.
hinter	Ich werfe die Brille **hinter** die Heizung.	Die Brille liegt **hinter** der Heizung.
vor	Ich bringe die Zeitung **vor** die Tür.	Die Zeitung ist **vor** der Tür.
an	Ich klebe Poster **an** die Wände.	Poster hängen **an** den Wänden.
zwischen	Ich lege das Buch **zwischen** die CDs.	Das Buch liegt **zwischen** den CDs.

dieser, dieses, diese im Nominativ und Akkusativ

	Nominativ	Akkusativ
der	Dieser Pinsel ist ganz neu.	Ich schenke dir diesen Pinsel.
das	Dieses Handy sieht gut aus.	Ich liebe dieses Handy.
die	Diese Brille ist sehr modern.	Ich möchte diese Brille haben.
die	Diese Gummistiefel waren billig.	Ich mag diese Gummistiefel.

Fertigkeitstraining: Sprechen

1 **Ein Superstar stellt sich vor.**

a Wollt ihr in den Star-Club? Dann braucht ihr einen Club-Ausweis. Schreibt auf eine Karte einen Star- oder Fantasie-Namen, euer Star-Alter und eure Star-Adresse.

> **Star-Club-Ausweis**
>
> **Name:** Miley Nowitzki
> **Alter:** 22 Jahre
> **Geburtsort:** Logischland
> **Adresse:** Basketballstraße 112
> 1345 Filmstadt
>
> *M. Nowitzki*
> **Unterschrift**

b Sammelt alle Ausweise ein und mischt sie. Jeder bekommt einen neuen Star-Ausweis. Wem gehört der Ausweis?
Sammelt zuerst mögliche Fragen und Antworten an der Tafel.

> **Fragen:**
> – Wo wohnst du?
> – Wie alt ...?
> – Bist du Miley Nowitzky?
>
> **Antworten:**
> – Ich wohne in ...
> – Ich ...
> – Ja, ich bin ... / Nein, ich bin nicht ...

c Geht herum und sucht zu jedem Ausweis den richtigen Schüler mit den Fragen und Antworten aus 1b.

d Hat jeder den richtigen Ausweis? Setzt euch wieder auf euren Platz und stellt euch dem Partner neben euch vor.

2 Im Restaurant

a Seht das Bild an. Welche Wörter, Sätze oder Fragen fallen euch ein? Sammelt an der Tafel.

Wörter:	Sätze:
das Hähnchen	Ich möchte gern ...
...	Wir suchen einen Tisch für zwei Personen.
	...

Macht euch für typische Themen und Situationen Mini-Glossare mit wichtigen Wörtern, Fragen und Antworten. Lernt die Wörter und Sätze auswendig. So seid ihr fit für den Test.

b Arbeitet mit eurem Partner zusammen. Ihr seid im Restaurant. Was sagt ihr?

3 Zwei Themen und viele Fragen

 a Schule. Arbeitet mit einem Partner. Ergänzt die Fragewörter. Manchmal passen auch mehrere Fragewörter. Schreibt die Fragen ins Heft und findet zu jeder Frage eine Antwort.

1. 🐾 Lehrer hast du in Deutsch?
2. 🐾 hast du heute aus?
3. 🐾 Stunden IT habt ihr pro Woche?
4. 🐾 ist euer Englischlehrer?
5. 🐾 habt ihr Sportunterricht?

> *1. Welchen Lehrer hast du in Deutsch?*
> *– Wir haben eine Lehrerin: Frau Müller.*

b So wohne ich. Arbeitet mit einem Partner. Stellt W-Fragen zum Thema *Wohnen und Zimmer* und beantwortet die Fragen.

Wo wohnst du?

Ich wohne in der Fliegenstraße. Und du?

Ich wohne in der Hammergasse.

Mit wem wohnst du in der Hammergasse?

Am größten, am höchsten, …

4 Superlative in Deutschland, Österreich und der Schweiz

a Seht die Karte und die Fotos an. Was kennt ihr? Was ist besonders auf den Fotos?

b Lest die Texte. Welcher Text passt zu welchem Foto?

J Nicht der Petersdom in Rom, sondern der Turm von einer Kirche in Ulm ist am höchsten in der Welt: Der Turm vom Ulmer Münster ist 161,53 Meter hoch. Man muss 768 Stufen steigen und kommt an drei Aussichtsplattformen und dreizehn Glocken vorbei.

I Die Mühlenkopfschanze bei Willingen gehört zu den größten Skischanzen von Deutschland. Sie ist 145 m hoch. Am 9. Januar 2005 ist der Weltklassespringer Janne Ahonen den aktuellen Schanzenrekord gesprungen: 152 m.

H Die kleinste bewohnte Insel in Deutschland ist Südfall. Auf der Insel steht ein Haus und hier wohnen zwei Personen. Die Insel liegt vor der Westküste von Schleswig-Holstein.

G Den Tiergarten Schönbrunn in Wien gibt es schon seit 1752: Er ist der älteste Zoo der Welt. Seit Ende des 20. Jahrhunderts ist der Zoo auch einer der modernsten und beliebtesten Zoos der Welt.

A Die längste Holzbrücke Europas ist in Ronneburg in Thüringen. Sie ist 225 m lang und die Leute nennen sie „Drachenschwanz".

B In Werfen südlich von Salzburg gibt es eine eiskalte Attraktion: die Eisriesenwelt. Das ist die größte Eishöhle der Welt. Insgesamt ist die Höhle über 40 Kilometer lang. Die Höhle ist schon vor 100 Millionen Jahren entstanden und immer größer geworden.

C In Europa gibt es viele Wasserfontänen, aber die Wasserfontäne im Genfer See ist am höchsten. Sie ist 140 m hoch. Schon seit 1891 schießt hier das Wasser in die Höhe und seit 1930 ist die Fontäne jeden Abend beleuchtet.

D 2017 soll er fertig sein, der längste Tunnel der Welt. Der Gotthard-Basistunnel ist ein Eisenbahntunnel in der Schweiz. Er wird insgesamt 57 km lang. Mit allen Nebentunneln baut man insgesamt 153,5 km Tunnelstrecke.

E Insgesamt 4 Kilometer lang ist die längste Brücke in Deutschland. Sie verbindet die Ostseeinsel Rügen mit der Stadt Stralsund auf dem Festland.

F Skifahrer und Boarder können an diesem Berg zeigen, was sie können. „Harakiri" heißt Österreichs steilste Skiabfahrt. Sie ist in Mayrhofen und hat ein Gefälle von durchschnittlich 78 Prozent.

c Macht zu viert ein Superlativ-Quiz. Notiert acht Fragen auf acht Karten. Tauscht die Karten mit einer anderen Gruppe. Legt alle Karten in die Mitte (Schrift nach unten). Einer/Eine nimmt eine Karte und liest vor. Wisst ihr die Antwort ohne Buch? Die Gruppe mit den meisten richtigen Antworten hat gewonnen.

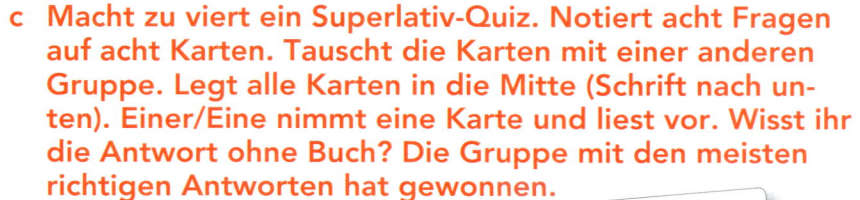

Welche bewohnte Insel in Deutschland ist am kleinsten?

Wie alt ist der Tiergarten Schönbrunn?

d Welche Attraktionen gibt es in eurem Land? Recherchiert im Internet und stellt eure Ergebnisse vor.

13

Wir lernen:
Aussehen und Veränderungen beschreiben | von einem Unfall berichten | andere kritisieren
Hauptsätze mit Konjunktionen | Nebensätze mit *dass, weil, wenn* | Modalverb *sollen*

Cool und fit?

1 Robbie früher und jetzt

Ordnet die Wörter den Bildern zu und beschreibt Robbie. Wie gefällt euch Robbie besser?

> die Rastalocken • die Hose • die Sonnenbrille • cool • toll • komisch • blöd • peinlich • (zu) lang • kaputt • (zu) weit • (zu) kurz • …

> *Früher hatte Robbie kurze Haare.*

> *Jetzt hat Robbie Rastalocken.*

2 Der Streit

2.27

a Seht das Bild an. Warum streiten Nadja und Robbie? Was denkt ihr? Vergleicht mit der CD.

> *Ich glaube, Nadja mag Robbies Frisur nicht.*

> *Robbie findet sicher, dass Nadja …*

▶LHB **b Was sagen Robbie und Nadja? Hört noch einmal und ordnet die Ausdrücke in die Tabelle.**

> Frisur scheußlich • seit Wochen nicht kämmen • unnatürlich aussehen • Fingernägel lila • geschminkt • uncool • hässliche Kleidung tragen • teure Markenkleidung • hinter dem Mond leben

Nadja über Robbie	Robbie über Nadja
Frisur scheußlich	Fingernägel lila

c Spielt den Streit zu zweit. Einer ist Nadja, einer ist Robbie.

> *Du hast eine scheußliche Frisur.*

> *Und deine Fingernägel …*

3 Robbies Brief

a Lest Robbies Brief. Wer ist Herr Dr. Rainer Winter? Was möchte Robbie von ihm?

*Lieber Herr Dr. Winter,
ich habe ein großes Problem! In meiner Schulband habe ich früher Rock gespielt und alle haben uns geliebt. Aber jetzt finde ich Reggae total cool, außerdem sind meine neuen Freunde auch Reggae-Fans. Deshalb spiele ich jetzt Reggae, aber meine alten Freunde mögen die Musik nicht. Am schlimmsten ist meine Freundin, denn sie findet meine Musik unerträglich und meine Frisur hässlich. Außerdem mag sie meine Klamotten nicht. Deshalb hatten wir gestern einen Streit. Ich glaube, ich habe blöde Sachen zu ihr gesagt, darum ist sie sauer. Aber ich mag es auch nicht, wenn sie ihr Gesicht so schminkt. Das sieht nicht natürlich aus. Und sie trägt nur Markenklamotten und zu viel Schmuck. Ich habe ihr das alles erklärt, trotzdem versteht sie mich nicht. Im Gegenteil, sie sagt, ich lebe hinter dem Mond. Was kann ich nur machen? Haben Sie einen Rat oder kann man da nichts machen?
Robbie*

Unser Psychologe
Dr. Rainer Winter

 b Welche Sätze passen zusammen? Notiert ins Heft. Manchmal gibt es zwei Möglichkeiten.

1. Robbie schreibt Herrn Dr. Winter einen Brief,
2. Robbie war nicht so nett zu Nadja,
3. Nadja mag Reggae und Rastalocken nicht,
4. Nadja hat nur Markenkleidung an
5. Robbie hat früher Rockmusik gespielt,
6. Robbie hat Nadja alles erklärt,

A und sie trägt zu viele Ketten und Ringe.
B deshalb ist Nadja wütend auf Robbie.
C denn er hat ein großes Problem.
D trotzdem versteht Nadja Robbie nicht.
E außerdem gefällt ihr Robbies Kleidung nicht.
F aber jetzt mag er am liebsten Reggae.

 c Herr Dr. Winter antwortet. Ergänzt im Heft. Es gibt mehrere Möglichkeiten.

Lieber Robbie,
auch deine Freundin hat ein Problem mit dir, 🐾 sie liebt den Robbie von früher. 🐾 findet sie deine Veränderung nicht gut, 🐾 haben ihre Freunde die gleiche Meinung. 🐾 deine Freundin ist auch anders als früher, 🐾 magst du sie noch. 🐾 das musst du ihr ganz ruhig und nett sagen 🐾 du schreibst ihr einen Brief. …

d Gebt Robbie Ratschläge. Was würdet ihr machen?

Ich würde meine Haare schneiden, denn die Frisur …

Außerdem kann Robbie ja …

denn, und, aber, oder
Nadja hat ein Problem mit dir,
denn sie liebt den Robbie von früher.

außerdem, deshalb/darum, trotzdem
Nadja findet die Veränderungen nicht gut.
Außerdem haben ihre Freunde die gleiche Meinung.

Punkt oder Komma – das ist egal.

4 Das Veränderungsspiel
Spielt zu dritt. Zwei machen die Augen zu. Der Dritte verändert an sich selbst drei Sachen. Die anderen öffnen die Augen wieder und beschreiben die Veränderungen mit *und* und *außerdem*.

Deine Haare sind anders und du hast einen Hut auf. Außerdem trägst du jetzt keine Brille mehr.

5 Parkour

a Seht euch die Bilder an und lest den Text. Wie findet ihr Parkour?

» Niemals stehen bleiben

Parkour ist ein beliebter Sport aus Frankreich. Immer mehr junge Menschen machen diesen Sport. Sie heißen Traceure.

Man sucht neue Wege, wenn man durch die Stadt oder durch den Park läuft. Das ist Parkour. Wir haben mit zwei Traceuren aus Leipzig gesprochen.

„Parkour ist meine Leidenschaft."

„Man bleibt niemals stehen. Das ist wichtig. Zum Beispiel läuft man nicht die Treppe runter, sondern man springt einfach über das Geländer", erklärt uns Thomas. Er ist schon drei Jahre Traceur. Sein Freund Raffael ist erst ein Jahr dabei, aber auch für ihn ist Parkour sehr wichtig: „Ich trainiere jeden Tag, auch auf dem Weg zur Schule oder zu Freunden. Man muss sich die ganze Zeit gut konzentrieren."

„Ich denke, dass Parkour nicht gefährlicher ist als Fußball."

Die jungen Traceure lieben Parkour, weil sie gerne laufen, klettern, springen und weil sie gerne draußen sind. „Außerdem finde ich es toll, dass es keine Regeln und Wettkämpfe gibt. Wettkämpfe mag ich nicht", sagt Raffael. „Ich bin einfach total glücklich, wenn ich einen neuen Trick oder Sprung schaffe", erzählt Thomas. Aber man kann sich auch schnell verletzen, wenn man einmal nicht fit ist. Außerdem muss man vorsichtig sein, wenn es geregnet hat. Hier in Leipzig trainieren die Jungen und Mädchen dann drinnen in der Halle.

 Interessiert ihr euch auch für diesen Sport? Schnuppern könnt ihr jeden Dienstag um 18 Uhr. Treffpunkt ist die Halle im Laagberg-Gymnasium.

b Lest noch einmal und beantwortet die Fragen.

1. Wo trainiert man normalerweise?
2. Wo trainiert man in Leipzig, wenn es regnet?
3. Wie oft trainiert Raffael?
4. Wann ist Thomas glücklich?
5. Wann ist Parkour gefährlich?
6. Was kann man machen, wenn man Interesse an Parkour hat?

> *Draußen, zum Beispiel im Park oder …*

> *1. draußen, im Park, …*

6 Leidenschaften

 a Was ist eure Leidenschaft? Schreibt Sätze ins Heft.

Ich liebe …, weil …   Ich denke, dass …   Ich freue mich, wenn …
Ich finde es gut, dass …   Man muss vorsichtig sein, wenn …

> *Bei Nebensätzen steht das Verb immer am Ende.*

> *Meine Leidenschaft ist Mangas zeichnen.*
> *Ich liebe Mangas, weil …*

Nebensätze mit weil, wenn, dass		
Ich liebe Parkour,	**weil**	ich gerne laufe.
Man muss aufpassen,	**wenn**	es geregnet hat.
Ich finde es gut,	**dass**	man beim Zeichnen kreativ sein kann.

b Sprecht in der Klasse über eure Leidenschaften.

7 Notruf 112

2.28
a Hört den Notruf. Wer ist verletzt? Was ist passiert? Und wo war das?

2.29
b Lest die E-Mails. Hört dann den Dialog. Welche E-Mail ist von Raffael? Welches Foto passt zu welchem Wort in den E-Mails?

A … Im Krankenhaus hat der Arzt meine Hand und meinen Rücken untersucht und geröntgt. Die Hand ist gebrochen. Zwei Stunden später hatte ich eine Operation. Der Arzt hat gesagt, ich soll eine Nacht im Krankenhaus bleiben. Außerdem soll ich zwei Monate keinen Sport machen! So ein Mist! …

B … Der Arzt im Krankenhaus hat gesagt, dass ich am Rücken nur einen blauen Fleck habe. Aber meine Hand ist verletzt. Der Arzt hat einen Verband gemacht. Ich soll die Hand nicht so viel bewegen. Der Arzt hat auch gesagt, wenn ich Fieber bekomme, soll ich sofort zum Hausarzt gehen. Und ich soll zwei Wochen nicht zum Training gehen! …

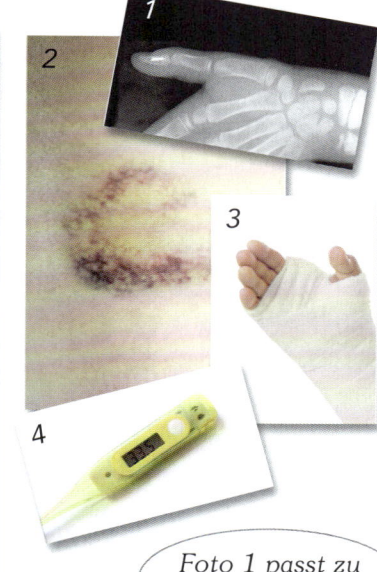

> Foto 1 passt zu „geröntgt".

8 Aber der Arzt hat gesagt …

a Die Mutter schimpft. Was antwortet Raffael seiner Mutter? Erfindet Ausreden.

> Raffael, räum das Chaos hier auf!

> Sieh nicht so viel fern!

> Iss nicht so viel Chips und Kekse!

> Bring deine Sportsachen in dein Zimmer!

> Du musst für den Test in Bio lernen.

> Telefonier nicht so lange!

nicht denken • liegen bleiben • sich ausruhen • viel schlafen • nicht aufstehen •
Freunde anrufen • viel essen • nichts tragen • …

> Aber der Arzt hat gesagt, ich soll viel essen.

> Mama, ich soll …

sollen
Der Arzt sagt: „Ruh dich aus. Du darfst nicht aufstehen."
Der Arzt hat gesagt, ich **soll** mich ausruhen. Ich **soll** nicht aufstehen.

b Spielt die Szene zu zweit.

13

9 Haben Sie ein Rezept?

a In welchem Dialog hört ihr die Wörter? Ordnet zu. Nicht alle Wörter kommen vor.

2.30

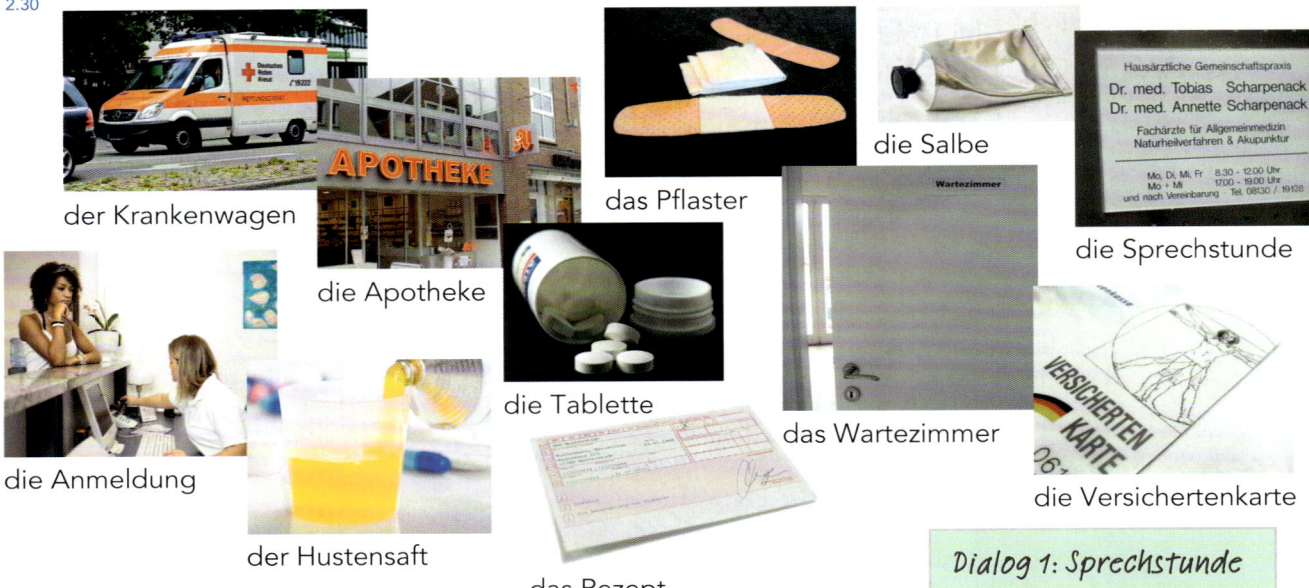

der Krankenwagen

die Apotheke

das Pflaster

die Salbe

die Sprechstunde

die Anmeldung

die Tablette

das Wartezimmer

die Versichertenkarte

der Hustensaft

das Rezept

Dialog 1: Sprechstunde

b Hört noch einmal. Richtig oder falsch? Korrigiert die falschen Sätze.

1. Raffael kann am Nachmittag in die Sprechstunde kommen.
2. Raffael hat keine Grippe.
3. Raffael hat die Versichertenkarte vergessen.
4. Raffael kann sofort mit der Ärztin sprechen.
5. Die Frau möchte Medikamente für ihren Mann.
6. Für die Medikamente braucht man ein Rezept.

1. f
Die Praxis ist am Nachmittag
geschlossen. / Raffael kann
morgen Vormittag in die
Sprechstunde kommen.

10 Pech gehabt!

Hattet ihr auch schon mal einen Unfall oder eine Verletzung? Schreibt eine E-Mail an einen Freund / eine Freundin. Arbeitet mit dem Wörterbuch.

11 Wortakzent

a Hört zu und lest die Wörter dann laut.

2.31

Krankenhaus • Verband • Fieber • Geburtstag • Schmerztabletten • Verletzung • Arztpraxis • Besuch • Sprünge • Entschuldigung • Ergebnis

b Schreibt die Tabelle ins Heft und ordnet die Wörter aus 11a zu. Achtet auf die Betonung.

Akzent vorne	Akzent nicht vorne
Krankenhaus	Verband

c Wo ist der Wortakzent? Lest laut. Klopft zu jeder Silbe. Klopft beim Wortakzent stärker und betont stark. Kontrolliert mit der CD.

2.32

1. krank – die Krankheit – die Krankheiten – das Krankenhaus
2. verletzen – verletzt – die Verletzung – die Verletzungen
3. springen – der Sprung – die Sprünge

Kannst du das schon?

Aussehen beschreiben
– Nadja hat lange, blonde Haare.
– Sie hat moderne Kleidung an.
– Sie trägt eine braune Jeans und ein blaues T-Shirt.
– Sie sieht natürlich/hübsch/sympathisch/… aus.

Veränderungen beschreiben
– Nadjas Haare sind anders.
– Außerdem hat sie eine Mütze auf.
– Und sie trägt neue Kleidung.
– Nadja ist geschminkt.
– Außerdem sind ihre Fingernägel lila.

Sätze mit dass, weil und wenn
● Ich mag es nicht, wenn du dich so schminkst.
○ Und ich finde, dass deine Frisur komisch aussieht. Außerdem gehe ich nicht zu deinem Konzert, weil ich Reggae nicht mag.

Unfall
der Notruf | der Krankenwagen | die Verletzung | der Verband | die Operation | das Fieber | der blaue Fleck | die Schmerztablette | gebrochen | verletzt | röntgen | ruhig halten

sollen
– Der Arzt hat gesagt, ich soll mich ausruhen.
– Außerdem soll ich den Arm ruhig halten.
– Der Arzt hat gesagt, ich soll im Bett bleiben.
– Außerdem hat er gesagt, ich soll nicht denken.
– Und er hat gesagt, ich soll viel schlafen.
– Außerdem soll ich Tabletten nehmen.

– Du lebst hinter dem Mond!
– Du spinnst ja!
– So ein Mist!
– Was ist denn passiert?

Noch einmal, bitte

Aussehen beschreiben
Wie sieht Nadja aus? Schreibt drei oder vier Sätze.

Veränderungen beschreiben
Beschreibt die Veränderungen bei Nadja. Verwendet *außerdem* und *und*.

Sätze mit dass, weil und wenn
Ergänzt den Dialog:
● Ich mag es nicht, ___ du dich so schminkst.
○ Und ich finde, ___ deine Frisur komisch aussieht. Außerdem gehe ich nicht zu deinem Konzert, ___ ich Reggae nicht mag.

Unfall
Nennt möglichst viele Unfall-Wörter.

sollen
Ihr hattet einen Unfall. Was sollt ihr tun? Schreibt vier Sätze. Beginnt so:
Der Arzt hat gesagt, ich soll mich ausruhen. Außerdem soll …

Du lebst hinter dem Mond!

14

Wir lernen:
Zeitangaben | über Medien sprechen | jemanden höflich bitten oder auffordern | Anzeigen verstehen
Modalverben im Präteritum: *durfte, musste, …* | Verben mit Dativ und Akkusativ: *Ich gebe dir einen Tipp.*

Elektronische Freunde

1 **Was ist denn das?**

a **Welche Dinge kennt ihr? Was kann man damit machen?**

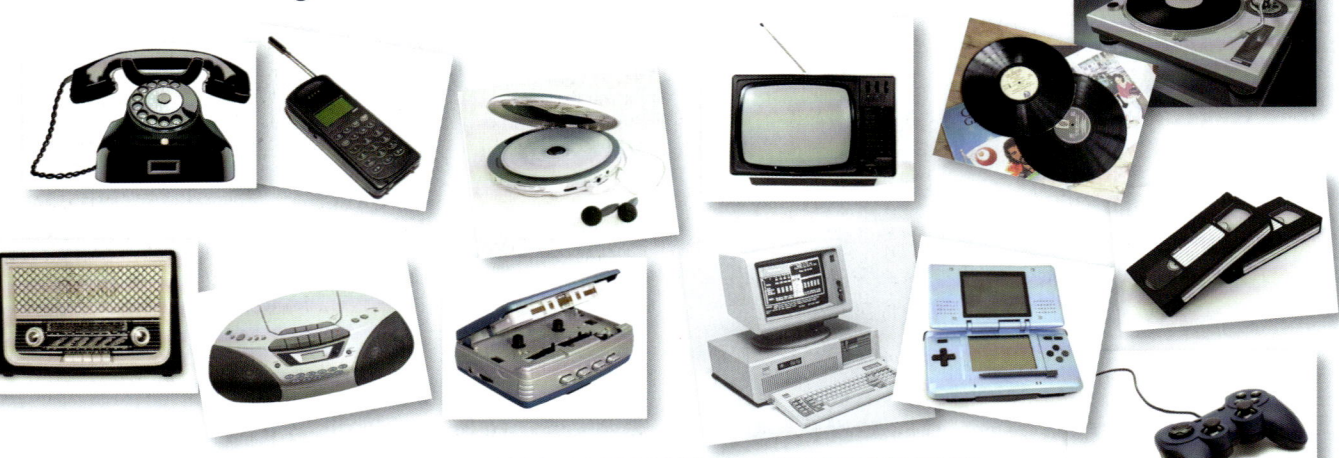

> das Radio • das Telefon • der Plattenspieler mit Platten •
> der Fernseher • der Walkman mit Kassette • der Computer mit
> Bildschirm • der CD-Player • das Handy • die Videokassetten •
> der Nintendo • die Playstation

> *Das schwarze Ding links oben ist ein Telefon.*

2.33

b **Hört den Text. Ergänzt die Zeitleiste.**

1876	1900	1930	1950	1970	1981	2000

Telefon

2 **Medien in meiner Welt**

a **Welche Medien habt ihr? Welche verwendet ihr nicht mehr? Seit wann? Sammelt in der Gruppe und stellt die Ergebnisse vor.**

> *Ich verwende meinen CD-Player nicht mehr.*

> *Seit wann?*

> *Seit ein paar Jahren.*

Zeitangaben und Jahreszahlen
2008 = zweitausendacht
1990 = neunzehnhundertneunzig
Wann? → zwischen 1950 und 1970
            von 2001 bis 2005
Seit wann? → seit 50 Jahren
            seit 1989

b **Macht ein Interview mit euren Eltern. Welche Medien hatten sie? Welche verwenden sie jetzt? Schreibt einen Medienlebenslauf.**

Meine Mutter hat 1980 das erste eigene Radio bekommen. Sie war damals 10 Jahre alt. …

3 Medien im Alltag?

a Lest den Text. Welche Überschrift passt?

Mädchen besuchen oft Chatrooms
Jungen skypen mehr als Mädchen

Junge Leute sind im Internet zu Hause
Mädchen lieben Web-Spiele

70 Prozent der Deutschen hatten 2008 zu Hause Internet. Fünf Jahre davor waren es nur 51 %. Und wer benutzt das Internet am meisten? Natürlich die Jugendlichen! 83 % der Jugendlichen zwischen 12 und 19 Jahren sind täglich einige Stunden im Internet. Die häufigste Aktivität ist Nachrichten schicken, mit Skype, Messenger oder anderen Programmen, sagen die Jugendlichen. Nachrichten oder Messages sind heute wichtiger als E-Mails oder Chatrooms.
Mädchen benutzen das Internet meistens für die Schule und für Kommunikation, z. B. auf Facebook, SchülerVZ, Lokalisten oder Twitter. Für Jungen ist Information und Unterhaltung wichtig: 28 % der Jungen sehen Videos und Filme im Web an, aber nur 11 % der Mädchen. Web-Spiele sind bei Jungen viel beliebter als bei Mädchen.

b Lest den Text noch einmal: Was passt zusammen? Notiert die Sätze ins Heft.

1. 2008 hatten in Deutschland 70 Prozent
2. Jugendliche zwischen 12 und 19
3. Chatrooms sind nicht mehr so wichtig,
4. Mädchen benutzen das Internet
5. Jungen sehen häufiger als Mädchen

A die Jugendlichen senden vor allem Nachrichten.
B vor allem für Kommunikation und Schule.
C Filme und Videos im Internet an.
D zu Hause Internet.
E nutzen das Internet am meisten.

1. 2008 hatten in Deutschland 70 Prozent zu Hause ...

4 Internet bei uns

▶LHB **a Wie benutzt ihr das Internet? Lest die Fragen und sammelt noch drei weitere Fragen. Bildet Gruppen. Jede Gruppe wählt eine andere Frage und macht einen Umfragezettel.**

Wie lange bist du im Durchschnitt online?
Wer benutzt in der Familie das Internet am meisten? Für welche Aktivitäten?
Habt ihr zu Hause Internet? Wenn ja, seit wann? ...

Wie lange bist du im Durchschnitt online?

Selten oder nie	III
bis zu 2 Stunden	I
mehr	

Wer benutzt in der Familie das Internet am meisten?

ich	II
Mutter	

b Macht eine Umfrage in der Klasse und stellt das Ergebnis vor.

c Internet bei euch: Schreibt in Gruppen einen kurzen Text über euer Umfrage-Ergebnis.

Aus unserer Klasse benutzen ...

5 Handy-Sorgen

▸LHB **a Seht die Bilder an. Wer sagt was?**

> Mein Handy ist weg. Man hat es gestohlen.

> Warum hast du nicht geantwortet?

> Er hatte keinen Empfang.

> Ich habe mein Handy abgemeldet. Aus und vorbei!

> Pia sagt vielleicht …

2.34

b Hört die Gespräche. Richtig oder falsch? Notiert im Heft.

1. Nadja konnte Pia nicht anrufen, weil ihr Handy gesperrt ist.
2. Paul musste sein Handy holen, weil er den Trainer anrufen wollte.
3. Anton wollte seinen Vater anrufen, aber das Handy war weg.
4. Robbie hat sein Handy abgemeldet, weil er nicht mehr denken konnte.

> 1 – r

c Arbeitet zu zweit. Fragt und antwortet. Benutzt die Modalverben im Präteritum.

Warum 🐾 Nadja nicht mehr telefonieren?
Was 🐾 Paul beim Training machen?
Warum 🐾 Paul zur Polizei gehen?
Warum 🐾 Boris nicht anrufen?
Warum 🐾 die Freunde Robbie nicht anrufen?

> Nadja durfte nicht mehr telefonieren, weil …

> **Modalverben im Präteritum**
> **dürfen**
> ich **durfte**
> er/sie **durfte**
> sie **durften**
> ich **wollte, musste, konnte**

6 Da ist mir was passiert!

Hast du schon einmal Probleme mit dem Handy gehabt? Oder ist etwas Lustiges passiert? Erzählt in der Gruppe und nehmt das Gespräch auf.

> eine SMS von der falschen Person bekommen • ein peinliches Foto bekommen • das Handy sperren/abmelden • die/den PIN vergessen • keinen Empfang haben • der Akku leer sein • eine SMS falsch schicken • das Handy vergessen • das Handy verwechseln • kein Guthaben mehr haben

> Ich hatte mein Handy noch nicht lange. Ich wollte …

7 Das tut man nicht!

a Kennt ihr solche Situationen? Was kann man tun?

1. Du sitzt im Bus. Die Person neben dir erzählt am Telefon laut von ihren Problemen.
2. Du redest mit deiner Freundin. Sie bekommt eine SMS und schreibt sofort eine Antwort.
3. Jemand hat schon zum zweiten Mal spät abends deine Nummer gewählt und stört dich.
4. Dein Freund telefoniert immer lang, wenn du bei ihm bist.
5. In der Bibliothek ist es leise, aber der Schüler neben dir telefoniert.
6. Du möchtest im Zug lesen, aber die anderen Leute hören sehr laut Musik.

Man kann einfach weggehen.

Ich würde sagen: ...

Könnten Sie bitte draußen telefonieren?

b Arbeitet zu zweit. Schreibt zu jeder Situation in 7a eine höfliche Bitte. Der Kasten hilft.

leise sprechen • das Handy ausschalten • die Musik leiser machen • nur kurz telefonieren • später antworten • aufpassen • morgen noch mal anrufen

1. Könnten Sie bitte ...?

jemanden höflich bitten oder auffordern

Könnten Sie bitte draußen telefonieren?
Könntest du später antworten?
Könntet ihr bitte ...?

8 Betonung in Aufforderungen

a Ordnet die Sätze von *höflich* bis *unhöflich* im Heft. Kontrolliert mit der CD. (2.35)

Dein Handy, bitte! • Gib mir dein Handy! • Her mit dem Handy! • Kannst du mir dein Handy geben? • Könntest du mir bitte dein Handy geben? • Gibst du mir dein Handy?

sehr höflich → *sehr unhöflich*

Könntest du mir ...

b Hört die Sätze. Welche klingen freundlich, welche unfreundlich? (2.36)

freundlich: 1, ...
unfreundlich:

Hört! Hört! Die Betonung ist oft wichtiger als die Wörter!

c Sagt die Sätze einmal mit freundlicher Betonung, einmal mit unfreundlicher Betonung. Arbeitet zu zweit.

Bitte mach die Musik leiser! • Mach bitte weiter, wir haben keine Zeit! • Kannst du bitte aufhören? Könntest du mir einen Stift geben? • Mach Schluss, bitte! • Mach jetzt deine Hausaufgaben!

9 Gesucht

a Lest die Anzeigen 1 bis 4. Was suchen die Leute? Notiert zwei oder drei Informationen aus jedem Text.

1

Musik hören ist gut, Musik machen ist besser. Wir suchen einen Raum zum Proben. Nicht zu teuer. Und einen Sänger! Wenn du einen Raum hast und noch dazu singen kannst, dann bist du total richtig. Mail an rock_frontmen@gmx.de SMS 0172/37563124

2

Wer hat einen billigen MP3-Player, am besten mit FM-Tuner und ziemlich viel Speicher, mindestens 4 GB? Meiner ist kaputt und ich kann mir keinen neuen kaufen. Wenn du willst, gebe ich dir dafür CDs. SMS an Tina: 0157/37563124

3

Hallo ihr! Ich suche Poster, Autogrammkarten und DVDs von Tokio Hotel. Ich verkaufe meine Spiele für Nintendo DS: Super Mario Bros, Animal Crossing, Nintendogs und andere. Wir können auch tauschen, wenn du willst. m.e.sagichnicht@yahoo.de

4

Alle Bücher von **Lemony Snicket** haben mir gut gefallen oder auch **„Tintenherz"** von **Cornelia Funke**. Gibst du mir ein paar Buchtipps? Oder leihst du mir ein paar Bücher? Ich passe gut auf und gebe sie dir schnell zurück. Hanna.Berger@chello.de

1. ein Raum zum Proben, ...

b Lies die Antworten. Zu welcher Anzeige passen sie?

[A] Möchtest du „Der Goldene Kompass" von Philipp Pullmann lesen? Oder die „Unendliche Geschichte"? Diese Bücher kann ich dir gern leihen. Und du leihst mir auch ein paar Bücher, okay? Eva 0712/36 15 427

[B] Spiele für Nintendo DS brauche ich nicht. Aber ich kann dir gern ein paar Poster verkaufen. Schick mir eine SMS, wenn du die Poster sehen möchtest. Über den Preis können wir diskutieren. Lilly 089 / 65 15 427

[C] Was für CDs hast du denn? Kannst du mir eine Liste schicken? Meinen Player kannst du gern sehen und probieren. Preis: 25 € und 2 CDs. Ist doch okay, findest du nicht? Orhan, 0732 / 689 4721

[D] Ich kann nicht singen, aber ich spiele Bass! Und ich kenne einen Raum zum Proben. Die Miete ist gar nicht hoch. suzyquattro2@web.de

Text	1	2	3	4
Antwort				

10 Tauschen in der Klasse

a Was sucht ihr? Ergänzt die Sätze.

1. Kannst du 🐾 🐾 geben?
2. Leihst du 🐾 🐾?
3. Verkaufst du 🐾 billig 🐾?

Verben mit Dativ und Akkusativ		
Ich gebe	**dir**	**einen guten Tipp**.
Kannst du	**mir**	**die CD** leihen?
Ich kann	**euch**	**ein Poster** verkaufen.

b Schreibt eine Frage wie in 10a auf einen Zettel. Sucht einen Partner. Fragt und antwortet. Tauscht dann eure Zettel.

Kannst du mir die Mathehausaufgabe geben?

Leihst du mir die CD von Cassandra Steen?

Mach doch Mathe selber. Sonst lernst du es nie.

Kannst du das schon?

Zeitangaben
– Ich hatte von 2000 bis 2005 einen Walkman.
– Seit 2008 habe ich ein Handy.
– Seit zwei Jahren habe ich einen Computer.

Über Medien sprechen
– Ich surfe mit dem Computer im Internet.
– Mit dem Handy kann ich telefonieren und SMS schicken.
– Ich mache Spiele mit dem Nintendo.
– Im Fernsehen sehe ich Comics und Filme an.

Modalverben im Präteritum
– Ich musste mit dem Trainer telefonieren.
– Ich durfte nicht anrufen.
– Ich wollte das Handy von Stefan haben.
– Aber Stefan konnte mir sein Handy nicht geben.
– Er hatte kein Guthaben mehr.

jemanden höflich bitten oder auffordern
– Könntest du bitte die Musik leiser machen?
– Könntest du bitte draußen telefonieren?
– Könntest du bitte später anrufen?

Verben mit Dativ und Akkusativ
– Kannst du mir dein Matheheft geben?
– Leihst du mir heute die CD von Justin Timberlake?
– Bringst du mir morgen das Deutschbuch mit?
– Kaufst du mir ein Eis?

– Aus und vorbei!
– Leihst du mir deine Mathehausaufgabe?
– Mach's doch selber!
– Ist doch okay, findest du nicht?

Noch einmal, bitte

Zeitangaben
Welche Medien hattet ihr früher? Wann genau? Seit wann habt ihr ein Handy und einen Computer?

Über Medien sprechen
Was macht ihr mit diesen Medien? Schreibt Sätze.

Modalverben im Präteritum
Erzählt die Geschichte im Präteritum:

Ich muss mit dem Trainer telefonieren. Ich darf nicht anrufen. Ich will das Handy von Stefan haben. Aber Stefan kann mir sein Handy nicht geben. Er hat kein Guthaben mehr.

jemanden höflich bitten oder auffordern
Was sagt ihr eurem Partner? Formuliert drei höfliche Bitten.

*Er/Sie hört sehr laut Musik.
Er/Sie telefoniert, aber du möchtest lernen.
Er/Sie ruft an, aber du kannst jetzt nicht sprechen.*

Verben mit Dativ und Akkusativ
Ihr wollt etwas von eurem Partner. Bildet Fragen:
– geben
– leihen
– bringen
– kaufen

Aus und vorbei!

15

Wir lernen:
über Berufe sprechen | Berufswünsche ausdrücken | eine Radioreportage verstehen
Zeitangaben mit Präpositionen | *also* | *werden* | Ortsangaben mit Präpositionen

Nach der Schule

1 Wie hat es dir gefallen?

a Seht die Bilder an. Wo sind Nadja, Robbie, Pia und Kolja? Warum? Was passiert?

der Friseur / die Friseurin, Haare schneiden/
färben, den Boden fegen, der Besen

der Radiosender, der Moderator, ins Mikrofon
sprechen, das Tablett, eine Sendung machen

der Tierarzt / die Tierärztin, die Praxis, eine
Spritze geben, den Hund streicheln

die Werkstatt, der Automechaniker, der Motor-
roller, reparieren, Reifen wechseln

> *Nadja ist beim
> Friseur. Ich denke,
> sie ...*

2.37
**b Hört das Gespräch. Über was sprechen die vier Freunde?
Was haben sie gemacht? Sammelt in der Klasse.**

Nadja	Robbie	Pia	Kolja
beim Friseur arbeiten			

c Wählt eine Person und schreibt drei bis vier Sätze über ihren Tag.

Nadja hat beim Friseur gearbeitet. Sie hat ...

2 Pauls E-Mail

a Lest die E-Mail von Paul über seinen Praktikumstag. Welches Praktikum hat er gemacht? Was will er später machen?

Hallo Pia,

na, wie war dein Tag bei der Tierärztin? Bestimmt toll, stimmt's? Ich bleibe am Wochenende noch bei meinem Onkel in Göttingen und erhole mich! Vorgestern habe ich ihm geholfen. Er ist Elektriker. Seine Firma hat gerade einen großen Auftrag in der Uni-Mensa. Rate mal, wo wir am Mittag gegessen haben …

Aber jetzt mal von Anfang an:

Der Arbeitstag hat schon um Viertel nach sieben angefangen, also musste ich um sechs Uhr aufstehen. Um halb zehn hatten wir die erste Pause. Zum Glück machen Handwerker immer ein zweites Frühstück – ich war schon total hungrig. Vor der Pause bin ich mit meinem Onkel mitgegangen, aber nach der Pause und bis zum Abend bin ich dann nur herumgelaufen und habe Kabel getragen. Ich habe immer noch Muskelkater! Aber endlich weiß ich, was ich nach dem Abitur machen möchte! Beim Mittagessen in der Mensa konnte ich nämlich die Studenten beobachten: Alle waren ziemlich cool und haben lange Pause gemacht. Die Stimmung war super. Und stell dir vor: Im Sommer haben sie drei Monate Ferien!!! Also habe ich beschlossen, dass ich später auch studieren möchte. Vielleicht Fremdsprachen?! Und du studierst Tiermedizin und wir treffen uns mittags immer in der Mensa!

Übermorgen komme ich zurück, ich bin um 17.28 Uhr am Hauptbahnhof. Holst du mich ab? Grüß die anderen von mir! Bis bald

Paul

b Was hat Paul wann gemacht? Was will er wann machen? Findet die Informationen im Text und sammelt an der Tafel.

> um sechs Uhr • beim Mittagessen • am Wochenende •
> um Viertel nach sieben • um halb zehn • um 17.28 Uhr •
> vor der Pause • später • nach der Pause • bis zum Abend •
> übermorgen • vorgestern • mittags • nach der Schule

Um sechs Uhr ist Paul aufgestanden.

3 Ein besonderer Tag

a Wählt zu zweit einen Tag aus. Jeder schreibt seinem Partner / seiner Partnerin eine E-Mail über diesen Tag. Verwendet viele Zeitangaben.

der letzte Sonntag • der letzte Ferientag • mein letzter Geburtstag

Liebe Eva,
was hast du letzten Sonntag gemacht?
Ich hatte einen tollen Tag. Ich bin erst
um neun Uhr aufgestanden, dann …

Viele Grüße
Christian

Lieber Christian,
heute will ich dir vom letzten
Sonntag schreiben. Ich bin
schon um sieben Uhr aufgestanden, weil …

Bis bald
Eva

> **Zeitangaben**
> **bis** heute Abend
> **um** halb acht
> **von** acht **bis** neun Uhr
>
> **an, in, nach, vor,**
> **zu + Dativ**
> **am** Morgen
> **in den** Ferien
> **nach dem** Frühstück
> **vor dem** Essen
> **zum** Geburtstag

b Vergleicht eure Texte. Was macht ihr gleich, was macht ihr anders?

4 Zukunftsträume

a Lest die vier Aussagen über Zukunftsträume. Was möchten die Schüler werden? Warum? Sammelt Stichpunkte an der Tafel.

Rita

Ein Studium ist nichts für mich, ich möchte eine praktische Ausbildung machen. Ich möchte anderen Leuten helfen. Außerdem interessiere ich mich für Medizin, also werde ich Krankenschwester.

Torsten

Alle lachen über mich, aber ich möchte einen sicheren Beruf – also am besten Beamter in einem Büro. Da verdient man nicht schlecht und hat wenig Stress am Arbeitsplatz. Genau das will ich!

Joshua und Harald

Unser Traumberuf ist Astronaut. Einmal in den Weltraum fliegen und die Erde von oben sehen! Das ist bestimmt fantastisch. Aber wenn das nicht geht, dann werden wir Piloten!

Lea

Ich liebe Bücher über alles und habe schon mit 12 Jahren selbst Geschichten geschrieben. Alle sagen, dass ich Talent habe. Deshalb werde ich Schriftstellerin – und hoffentlich reich und berühmt.

> Rita: Krankenschwester
> Grund: anderen Leuten helfen / interessiert sich für Medizin / praktisch arbeiten

b Schließt das Buch. Wählt eine Person und schreibt mit den Stichpunkten einen kurzen Text.

> Rita wird Krankenschwester. Sie ...

werden
ich werde	wir werden
du wirst	ihr werdet
er/es/sie wird	sie werden

5 Berufswahl begründen
Welcher Beruf passt? Ergänzt die Sätze.

Informatiker/in • Architekt/in • Banker/in • Journalist/in • Ingenieur/in • Schauspieler/in

1. Maike liebt Filme, also möchte sie ...
2. Peter findet Maschinen toll und plant gern, also möchte er ...
3. Laura interessiert sich für Häuser und Gebäude, ...
4. Paul sitzt am liebsten am Computer und ist fast schon ein Profi, ...
5. Anna rechnet gern und beschäftigt sich viel mit Zahlen und Geld, ...
6. Maria interessiert sich für Politik und schreibt gern, ...

also
Maike liebt Filme, **also** möchte sie Schauspielerin werden.

> Maike liebt Filme, also möchte sie ...

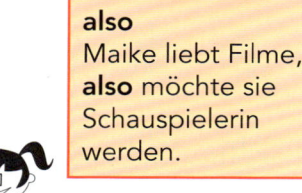

> „Also" und „deshalb" sind fast gleich.

6 Dein Zukunftstraum

a Was wollt ihr werden? Macht ein Interview mit einem Partner / einer Partnerin. Macht Notizen. Ihr könnt das Gespräch auch aufnehmen.

b Präsentiert den Zukunftstraum von eurem Partner / eurer Partnerin im Kurs.

> Sandra möchte Tänzerin werden, denn sie liebt Musik und Tanzen. ...

7 Lisa im Verlag

a Seht euch die Fotos und Sätze aus Lisas Bericht an. Welche Texte passen zu welchem Foto?

Mein Praktikum

A

B

C

D

E

F

1. Manchmal muss ich für alle kopieren. Na ja! • 2. Warum habe ich immer so viel Arbeit??? • 3. Die Arbeit ist interessant. Meine Chefin erklärt mir sehr viel. • 4. Besprechung und Planung für die nächste Woche – jeder bekommt Aufträge. • 5. Endlich mal frische Luft! • 6. Mittagessen in der Kantine

> Ich glaube, Satz 1 passt zu Foto B.

2.38
b Hört die Szenen. Welches Foto passt? Sammelt an der Tafel.

c Lest die Sätze. Korrigiert die Fehler und schreibt die Sätze richtig ins Heft.

▶LHB

A Lisa sitzt ~~unter~~ ihrer Kollegin.
B Lisa steht ~~auf~~ dem Kopierer.
C Lisa sitzt ~~zum~~ Tisch in ~~einen~~ Besprechungsraum.
D Lisa geht in ~~der~~ Kantine. Ein Kollege sitzt ~~auf~~ einem Tisch.
E Lisa geht ~~bei der~~ Post. ~~Im~~ Gebäude sind viele Autos.
F Ein Kollege geht schon ~~bei~~ der Arbeit nach Hause.

> A Lisa sitzt neben ihrer Kollegin.

> **Ortsangaben mit Präpositionen**
> **aus, bei, nach, von, zu + Dativ**
> Sie geht **aus dem** Haus.
> Sie fährt **zur** Post.
> **in, an, auf, unter, über, vor,**
> **hinter, neben, zwischen + Dativ**
> **oder Akkusativ**
> Wo? Das Glas steht **auf dem** Tisch.
> Wohin? Lisa stellt das Glas **auf den** Tisch.

8 Tu, was wir sagen!

Spielt zu viert oder zu fünft. Ein Schüler ist ein „Roboter". Die anderen sagen ihm, was er tun soll. Verwendet die Präpositionen aus 7c. Jeder Schüler gibt dem Roboter eine Aufgabe. Wenn der Roboter alles gemacht hat, wechselt ihr.

> Setz dich auf einen Tisch!

> Geh zur Tafel!

9 Nicht wie alle anderen

a Seht die Fotos an. Sind diese Berufe bei euch typisch für Männer oder für Frauen?

b Bildet eine Mädchen- und eine Jungengruppe. Was ist für euch wichtig bei der Berufswahl? Arbeitet mit dem Wörterbuch und sammelt in eurer Gruppe. Macht eine Hitliste.

Spaß ⅧⅠ II
Geld III

c Vergleicht die Listen. Welche Unterschiede gibt es zwischen Mädchen und Jungen?

10 Girls Day

2.39

a Lest die Texte. Was ist der Girls Day? Hört die Radioreportage und wählt die richtige Antwort.

A Den Girls Day gibt es seit über 15 Jahren. Er ist ähnlich wie der Muttertag, aber für Mädchen. In der Familie feiert man die Töchter und sie bekommen ein kleines Geschenk. Für Jungen gibt es das noch nicht.

B Viele Mädchen haben keinen Berufswunsch, also sollen sie am Girls Day erste Arbeitserfahrungen sammeln. An diesem Tag gehen sie mit ihren Eltern oder Bekannten in die Arbeit und nicht in die Schule.

C Den Girls Day gibt es seit ca. 10 Jahren. Mädchen können untypische Berufe für Frauen kennenlernen. Sie sind nämlich auch in technischen Schulfächern oft sehr gut. Trotzdem wählen viele Mädchen traditionelle Frauenberufe.

b Hört die Reportage noch einmal und ordnet die Sätze. Schreibt sie ins Heft.

1. Der Girls Day ist immer am
2. Am Girls Day können Mädchen zwischen
3. Mädchen sind in der Schule oft
4. Also sollen Mädchen auch typisch
5. Den Girls Day gibt es
6. Der Tag gefällt
7. Einige haben an diesem Tag schon

A männliche Berufe kennenlernen.
B besser als ihre Mitschüler.
C vierten Donnerstag im April.
D seit 2001.
E 10 und 15 Jahren teilnehmen.
F ihren Traumberuf gefunden.
G 90 % der Teilnehmerinnen.

11 Satzmelodie

2.40

a Hört die Sätze und Fragen. Geht die Satzmelodie am Satzende nach oben 👍, nach unten 👎 oder bleibt sie gleich 👌? Zeigt mit dem Daumen.

b Lest die Sätze laut. Achtet auf die Satzmelodie. Hört noch einmal zur Kontrolle.

Lisa geht aus dem Haus. • Geht sie zur Arbeit? • Ja, zuerst zur Arbeit und dann noch zu einer Party. • Wann kommt sie zurück? • Erst um elf Uhr nachts. • Ist das nicht zu spät? • Das glaube ich nicht, weil sie morgen ausschlafen kann.

c Hört die Sätze und sprecht nach. Zeigt die Satzmelodie mit dem Daumen.

2.41

Kannst du das schon?

Noch einmal, bitte

über Berufe sprechen

- Automechaniker: die Werkstatt, reparieren, Reifen wechseln, das Auto, das Motorrad
- Tierärztin: die Praxis, eine Spritze geben, Tiere halten und streicheln
- Moderator: der Radiosender, ins Mikrofon sprechen
- Friseur: Haare schneiden, Haare färben, kämmen, schminken

über Berufe sprechen

Was passt zu diesen Berufen? Nennt Wörter und Aktivitäten:

Automechaniker
Tierärztin
Moderator
Friseur

Berufe

die Ingenieurin / die Krankenschwester / der Pilot / die Schriftstellerin / der Informatiker / die Architektin / der Banker / die Journalistin / der Schauspieler / der Elektriker

Berufe

Nennt sieben weitere Berufe.

werden als Vollverb

Rita wird Krankenschwester.

Joshua und Harald werden Piloten.

Ich werde reich und berühmt.

werden als Vollverb

Was werden sie später?

Rita – Krankenschwester; Joshua und Harald – Piloten; Du – ?

Sätze mit also

Pia liebt Tiere, also möchte sie Tierärztin werden.

Ich will einen sicheren Beruf, also werde ich Beamter.

Sätze mit also

Verbindet die Sätze:

Pia liebt Tiere. Sie möchte Tierärztin werden. | Ich will einen sicheren Beruf. Ich werde Beamter.

Zeitangaben mit Präposition mit Dativ

Ich gehe nach dem Frühstück zur Schule.

Ich mache am Samstag Sport.

Ich schminke mich vor der Party.

In den Ferien fahre ich ans Meer.

Zeitangaben
Wann macht ihr das?

Bildet Sätze:

zur Schule gehen | Sport machen | sich schminken | ans Meer fahren

Ortsangaben mit Präposition mit Dativ und mit Dativ oder Akkusativ

Lisa geht früh aus dem Haus und fährt zur Arbeit.

Sie sitzt mit einem Kollegen im Zimmer und arbeitet am Computer.

Sie kopiert und legt alles auf den Tisch.

Sie schickt eine E-Mail an eine Kollegin.

Ortsangaben

Ergänzt die Sätze:

Lisa geht früh aus __ Haus und fährt __ Arbeit. Sie sitzt mit einem Kollegen __ Zimmer und arbeitet __ Computer. Sie kopiert und legt alles __ __ Tisch. Sie schickt eine E-Mail __ __ Kollegin.

Na, wie war dein Tag?

Mann, das war cool!

Das klingt echt gut!

Sehr lustig ...

Ja, mach ich.

Na, wie war dein Tag?

Finale

1 Wiederholungsspiel: „Zwei gewinnt"

Spielt zu zweit.
Ihr braucht ein Geldstück. Außerdem braucht jeder drei Spielfiguren in einer Farbe. Und so geht's:

Start

Antworte:
Wer von euch beiden …
- ist älter?
- läuft schneller bis zur Tafel?
- ist größer?

Ich bin genauso alt wie …
Ich bin älter als …

Welche Verkehrsmittel hast du in den letzten drei Tagen benutzt?

Das stört dich. Formuliere höfliche Bitten.
- Jemand ruft dich spät abends an.
- Jemand möchte bei dir abschreiben.
- Jemand macht das Fenster auf.

Erkläre deinem Mitspieler, wie man eine SMS schreibt.
Zuerst muss man …

Start

Verbinde die Sätze mit *trotzdem* oder *deshalb*.
Es regnet. → Ich bleibe zu Hause.
Es regnet. → Ich gehe spazieren.

Was trägt dein Mitspieler?
Er/Sie trägt einen roten Pullover und …

Verabrede dich mit deinem Mitspieler.
> heute: Straßenfest?
< ☹
> morgen?
< ☺
> Wann?
< 16 Uhr? Bahnhof?
> ☺

Welches Datum war gestern, ist heute und ist morgen?

Welche Möbel stehen in deinem Zimmer? Nenne drei. Wo stehen sie?

Verbinde die Sätze mit *wenn*.
Ich schlafe lange.
→ Ich habe keine Schule.
Ich esse Pizza.
→ Ich habe Hunger.

Start

Nenne drei Berufe. Was machen die Personen?

Ergänze die Sätze mit *mein, dein* …
Ich suche … Stift.
Wo hast du … Tasche?
Frau Müller, brauchen Sie … Schlüssel?
Mit … Jacke ist ihm nie kalt.

Strafaufgaben

Mach deinem Mitspieler zwei Komplimente.	Lauf dreimal um euren Tisch.	Zähle auf Deutsch bis 30.	Dein Mitspieler diktiert dir ein Wort. Schreib es auf.	Geh mit einer Figur einen Schritt zurück.

- Ein Spieler stellt seine drei Spielfiguren auf die drei Startfelder links, der andere auf die drei Startfelder rechts.
- Bewegt die Figuren abwechselnd mit einer Münze:  = 1 Schritt  = 2 Schritte
- Löst die Aufgabe auf dem Feld. Richtig? Die Figur bleibt dort.
  Falsch? Dein Mitspieler wählt eine Strafaufgabe von unten für dich aus. Er darf jede Strafaufgabe nur einmal wählen.
- Wer hat zuerst zwei Figuren auf der anderen Seite? Gewonnen!

Was trägst du wann?
Für eine Party finde ich … super.
Im Urlaub trage ich am liebsten …
Für die Schule …

Beende die Sätze:
Ich darf nie …
Ich darf manchmal …
Ich darf immer …

Start

Wo warst du gestern?
Nenne vier Orte. Erzähle.
Ich war in der Schule. Außerdem …

Welche drei Schulfächer findest du am besten? Warum?

Dein Mitspieler ist ein Roboter. Sag ihm fünf Dinge, die er tun soll.
Setz dich auf den Tisch!
…

Dein Mitspieler sagt einen Satz. Du verstehst ihn nicht. Frag dreimal mit anderen Worten nach.
Entschuldigung, kannst …

Was kann man damit machen?
– *der Topf*
– *das Handy*
– *die Tastatur*
– *die Gummistiefel*
Mit einem … kann man …

Start

Was isst und trinkst du morgens, mittags und abends?

Du warst beim Arzt.
Was sollst du machen?
- *sich ausruhen*
- *in die Apotheke gehen*
- *nicht denken*
- *viel Eis essen*
Ich soll …

Wann wirst du 18 Jahre alt?
Ich werde am … 18 Jahre alt.

Was hast du am Sonntag gemacht?
Sag diese vier Sätze im Perfekt.
- *lange schlafen*
- *eine Freundin anrufen*
- *Pizza essen*
- *ins Kino gehen*

Spielt den Dialog im Kaufhaus.
< *wie finden: Pulli?*
> ☺ *; anprobieren?*
> *ja; Umkleidekabine?*
> *neben Kasse*
< *aussehen?*
> ☺
< *ihn nehmen*

Start

Strafaufgaben

Sprich dreimal schnell:
Auf dem Rasen rasen Ratten rascher, rascher rasen Ratten auf dem Rasen.

Geh zu deinem Lehrer und begrüße ihn freundlich.

Sag das Alphabet von A bis Z auf.

Lach dreimal ganz laut.

Hilf deinem Mitspieler bei der nächsten Aufgabe.

2 Ein Schuljahr in D - A - CH

Ein Jahr in Deutschland, Österreich oder in der Schweiz: Das ist mehr als nur die Sprache lernen. Du lebst in einer Gastfamilie, erlebst den Alltag und lernst neue Freunde kennen.

Diese Schüler haben das Abenteuer gewagt und berichten euch von ihren Erfahrungen.

Linnea aus Schweden ist in Köln, Ethan aus England in Innsbruck, Yosuke aus Japan in Dresden und Ana aus Mexiko ist in St. Gallen.

a Würdet ihr gern ein Jahr ins Ausland gehen? Warum? Warum nicht? Wohin würdet ihr gern gehen?

b Welches Foto passt zu welchem Text oder Plakat?

> Foto 1 ist sicher das Wahrzeichen von St. Gallen, nämlich die …

KÖLN

Bundesland: Nordrhein-Westfalen

Wahrzeichen: Kölner Dom (das berühmteste Wahrzeichen von Deutschland)

typischer Snack: Halve Haan: ein halbes Roggenbrötchen mit Käse und Zwiebeln. Lecker!

Fußball: 1. FC Köln hat eine eigene Hymne auf Kölsch: „Mir stonn zo dir, FC Kölle". Immer super Stimmung im Stadion und lebendiges Maskottchen: Hennes, der Geißbock

Was mir aufgefallen ist: Es gibt viele verschiedene Brotsorten, schwarz, grau, aus Karotten, aus Kartoffeln usw. Der Kuchen ist nicht so süß wie in Schweden, deshalb lecker!!!

B

Hier in Innsbruck gefällt es mir sehr gut, denn ich liebe die historische Altstadt mit den schönen, alten Gebäuden. Und es gibt auch tolle, moderne Sachen. Die Bahn auf die Hungerburg, die finde ich auch super. Das Wahrzeichen heißt das „Goldene Dachl". Es ist ungefähr 500 Jahre alt. Ich habe schnell verstanden, warum es so heißt: Die Leute hier sprechen Tirolerisch und sagen nie „-chen", sie machen alles klein mit einem „-l": Also ist „a Wegl" ein kleiner Weg, „a Häusl" ist ein kleines Haus. Und ein „Dachl"? Ganz einfach, stimmt's?

Aber es gibt viele Wörter, die ich zuerst nicht verstanden habe: Wenn mich jemand grüßt, sagt er „Griaß di!" und wenn er geht, sagt er „Pfiat di!"

Fußball ist hier nicht besonders wichtig, aber Skifahren. Alle meine Freunde können Ski oder Snowboard fahren, denn hier gibt es im Winter viel Schnee.

A

3

2

4

St. Gallen
Kanton: St. Gallen

Sehenswürdigkeiten: Notrufzentrale: sieht aus wie ein UFO, das Dach kann man öffnen.

Stadtlounge: hinsetzen, Eis essen, entspannen auf dem roten Teppich

Wahrzeichen: barocke Stifts-kirche mit Stiftsbibliothek: älteste Bibliothek in der Schweiz, einige Texte sind über 1000 Jahre alt.

Sprache: Schweizerdeutsch, St. Galler Dialekt: z.B. Mir träffe üs am drei in der Stadtlounge.

Spezialität: St. Galler Biberli: Lebkuchen mit Mandelfüllung. Soooo lecker!

St. Galler Hobby: Fahrrad fahren. Fahrradtouren am Bodensee sind sehr beliebt und machen richtig Spaß!

D

Die Leute in Dresden sind sehr freundlich, aber oft kann ich nicht alles verstehen. Jetzt weiß ich aber, dass „Nu" „Ja" heißt. Und „Blume" heißt auf Sächsisch „Bliemschn". Ich finde den Dialekt cool, aber ich habe gehört, die meisten Deutschen finden ihn total schrecklich.

Ich finde es auch toll, dass es in der Schule nicht so viele Prüfungen gibt wie in Japan. Deshalb haben die deutschen Schüler weniger Stress. Sie haben viel Freizeit und viele Hobbys. In Japan ist die Schule wichtiger.

Gestern habe ich das Wahrzeichen der Stadt be-sucht. Es ist die Frauenkirche. Sie war nach dem Krieg lange kaputt, aber die Menschen haben Geld gesammelt und sie tatsächlich wieder aufgebaut. Kirchen finde ich interessant, denn in Japan gibt es fast keine.

Außerdem freue ich mich schon auf die Weihnachts-zeit. Dann esse ich jeden Tag Dresdner Christ-stollen.

C

c Findet die Informationen auf den Plakaten und in den Texten. Ergänzt die Tabelle im Heft.

Stadt	Essen	Sehenswürdigkeiten	Dialekte	Sonstiges
		Frauenkirche	Sächsisch	...

d Hört zu. Welcher Dialekt ist das?

2.42

Kölsch • Tirolerisch • Sächsisch • St. Galler Dialekt

Ich glaube, Nr. 1 ist Sächsisch.

Nein, das ist bestimmt ...

▸LHB **e** Für welche Stadt in (D)-(A)-(CH) interessiert ihr euch? Macht Plakate wie in 2b.

3 Unsere Klassenzeitung
Macht eine Zeitung für eure Deutschklasse. Bildet Gruppen und erledigt dann eine Aufgabe.

Unsere Klassenzeitung

Bildredaktion

Macht Fotos von allen Klassen-
kameraden oder malt Porträts von
ihnen. Schreibt etwas zu jeder
Person unter die Bilder.

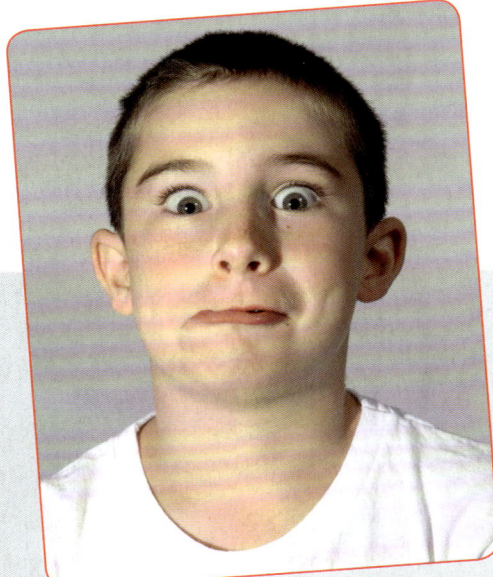

Bernd, unser Klassenclown

Tolle Sprüche

Was hat euer Lehrer Komisches im
Unterricht gesagt? Was war besonders
lustig von einem Mitschüler? Sammelt
die besten Sprüche für eure Zeitung.

*der, das, die –
das lern ich nie!!!*

Ein Interview: Unser Lehrer

Denkt euch Fragen für euren Lehrer
aus. Macht ein Interview mit ihm und
schreibt die Fragen und Antworten in
die Zeitung.

Redaktion: Frau Müller, wir waren eine tolle Klasse, stimmt's?
Frau Müller: Ja, meistens. Aber
einige von euch haben keine
Hausaufgaben gemacht. Das war
anstrengend.
Redaktion: ...

Rätselecke

Denkt euch Rätsel für eure Mitschüler
aus. Es können Fragen sein, ein
Kreuzworträtsel oder ein Suchrätsel.
Setzt es in die Zeitung.

Finde die richtige Antwort:

1. Welches Tier ist bunt und kann fliegen?
2. Welcher Mensch läuft am schnellsten?
3. Was bekommt man in Deutschland am ersten Schultag?

Comicredaktion

Erinnert ihr euch an eine besonders witzige Situation oder ein gutes Spiel in der Klasse? Zeichnet Situationen für eure Zeitung.

Gedichte

Schreibt Gedichte mit elf Wörtern für eure Zeitung.

So verteilen sich die Wörter:

Musik
brauche ich
mache ich täglich
ist in meinem Kopf
immer

Wir
gehören zusammen
heute und morgen
wie Sonne und Regen
Freundschaft

Rekorde, Rekorde

Denkt euch Fragen zu Rekorden in der Klasse aus. Macht dann eine Umfrage. Schreibt die Ergebnisse in eure Zeitung.

Wer ist oft zu spät gekommen?
1. Lars
2. ...

Wer kennt die meisten Vokabeln?
1. Nathalie
2. ...

Noch mehr Ideen?

Vielleicht habt ihr eigene Ideen für eure Zeitung. Dann macht noch etwas ganz anderes. Hier sind noch ein paar Ideen:

- Berichte über Ausflüge
- eure deutschen Lieblingswörter
- die schönsten Arbeiten, Plakate und Hefteinträge mit *Logisch!*
- Grüße von Schülern an Schüler
- Witze

Grammatikübersicht

Höflich bitten oder auffordern

Könn**test**	du später noch mal	(anrufen)?
Könn**tet**	ihr bitte leise	(sein)?
Könn**ten**	Sie bitte leiser	(sprechen)?

Verb: *werden*

	werden
ich	werd**e**
du	**wirst**
er/es/sie	**wird**
wir	werd**en**
ihr	werd**et**
sie/Sie	werd**en**

Später	(werde)	ich Krankenschwester.	
Er	(will)	reich	(werden).
	(Wirst)	du mal Pilot?	

Modalverb: *sollen*

	Position 2		Satzende
Ich	(soll)	jeden Tag einen Apfel	(essen).
Wann	(soll)	ich zu Hause	(sein)?
Mama sagt, du	(sollst)	um sechs zu Hause	(sein).

Modalverb: *dürfen*

	dürfen
ich	durf**te**
du	durf**test**
er/es/sie	durf**te**
wir	durf**ten**
ihr	durf**tet**
sie/Sie	durf**ten**

	Position 2		Satzende
Ich	(durfte)	nicht zur Party	(kommen).
Warum	(durftest)	du nicht	(kommen)?

Verben mit Dativ und Akkusativ

	Dativ	Akkusativ	
Ich **kaufe**	dir	ein Eis.	
Ihr könnt	eurer Mutter	einen Blumenstrauß	**schenken.**

Weitere Verben mit Dativ und Akkusativ: geben, erklären, leihen, verkaufen, schreiben, ...

Hauptsätze mit Konjunktionen – Übersicht

		Position 1	Position 2	
Nadja mag Robbie	**und**	Robbie	mag	Nadja.
Nadja mag Robbie,	**aber**	sie	mag	seine Musik nicht.
Robbie spielt Gitarre	**oder**	er	trifft	seine neuen Freunde.
Robbie ist sauer,	**denn**	Nadja	versteht	ihn nicht.
Nadja hat lila Nägel,		**außerdem**	ist	sie geschminkt.
Robbie hat Rastalocken,		**trotzdem**	mag	Nadja ihn noch.
Nadja ist wütend,		**also**	streitet	sie mit Robbie.
Robbie streitet mit Nadja,		**deshalb**	ist	er traurig.

Nebensätze mit *weil, wenn, dass* – Übersicht

					Satzende
dass	Alle finden,	**dass**	Parkour toll		aussieht.
weil	Parkour macht Spaß,	**weil**	man draußen	trainieren	kann.
wenn	Parkour ist gefährlich,	**wenn**	es	geregnet	hat.

Zeitangaben mit Präpositionen

mit Dativ	
Bis heute Abend!	**Am** Morgen frühstücke ich viel.
Wir treffen uns **um** halb acht.	**In den** Ferien möchte ich nur faulenzen.
Das Training ist **von** acht **bis** neun Uhr.	Ich gehe **nach dem** Aufstehen ins Bad.
	Ich ruhe mich **vor dem** Essen aus.
	Ich habe **seit** zwei Jahren einen Computer.

Ortsangaben mit Präpositionen

mit Dativ
Lisa geht **aus dem** Haus.
Sie fährt **zur** Post.
Raphael wartet **beim** Arzt.

Wo? → mit Dativ	Wohin? → mit Akkusativ
Der Kollege steht **im** Zimmer.	Sie bringt die Tassen **in die** Küche.
An der Ecke biegt sie rechts ab.	Sie schickt eine E-Mail **an eine** Kollegin.
Sie sitzt **auf dem** Stuhl.	Sie legt das Papier **auf den** Kopierer.
Vor der Tür begrüßt sie einen Kollegen.	Sie geht **vor die** Tür.

Weitere Wechselpräpositionen mit Dativ und Akkusativ: unter, über, hinter, neben, zwischen.

Fertigkeitstraining: Schreiben

1 **Lernpartner**

a **Lest die Anzeigen. Wofür sind die Anzeigen?**

A **E-Mail-Freunde finden**
Du lernst Deutsch – kennst aber niemanden aus Deutschland, Österreich oder der Schweiz? Da haben wir was für dich! Wir suchen und finden E-Mail-Partnerschaften für Deutschlerner aus der ganzen Welt. Schreib uns: Wer bist du? Wie alt bist du? Wo wohnst du? Wo lernst du Deutsch (und seit wann)? Was machst du und was interessiert dich? Wir finden einen E-Mail-Partner oder eine E-Mail-Partnerin für dich.
DaF-Partner@service.de

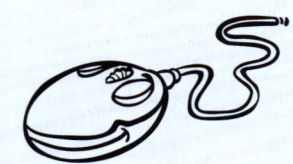

B **Klassenpartnerschaft – sofort**
Ihr lernt Deutsch in der Schule und wollt endlich mit Leuten in eurem Alter auf Deutsch reden? Schreibt uns über eure Klasse: Wo ist eure Schule? Wie viele seid ihr? Wie lange lernt ihr schon Deutsch? Was macht ihr im Unterricht? Welche Themen interessieren euch?
Wir suchen für euch eine Partnerklasse. Ihr könnt euch zu Chats verabreden oder über Skype miteinander sprechen!
Klassenpartnerschaften@sofort.de

> *In Anzeige A kann man einen E-Mail-Partner oder …*

 b **Welche Anzeige findest du interessanter? Wähle eine Anzeige aus und mach Notizen für eine Antwort. Welche Informationen sind wichtig?**

Thema
Ich: *14 Jahre alt*
         Italien, Verona
Schule: *Scuola media*
Deutsch: *seit zwei Jahren an der Schule*
Interessen und Hobbys: ...

> *Ihr wisst nicht, was ihr schreiben sollt? Ist doch ganz einfach. Das steht in der Anzeige. Notiert die Themen aus der Anzeige auf einem Zettel. Lasst viel Platz! Schreibt dann zu jedem Thema Stichpunkte.*

c **Arbeitet mit einem Partner / einer Partnerin. Vergleicht eure Notizen und ergänzt sie.**

d Antwortet auf die Anzeige. Sucht passende Sätze aus dem Kasten und ordnet sie. Schreibt dann die E-Mail.

> Ich gehe in die … Klasse. • Wir sind eine … Klasse mit … Schülern. • Ich interessiere mich für Musik/Tiere/Sport/… • Ich mache gern Radtouren und … • Meine Hobbys sind … und … • Wir machen oft … • Ich komme aus … • Ich wohne in … • Wir sind eine Klasse aus … • Ich lerne / wir lernen seit … Jahren/Monaten Deutsch an der Schule. • Ich suche einen E-Mail-Partner / eine E-Mail-Partnerin. • Wir suchen eine Partnerklasse. • Im Deutschunterricht machen wir kleine Projekte und … • Mein Name ist … / Ich heiße … / Ich bin … • Hallo, … / Guten Tag, … • Vielen Dank und ich freue mich auf eine Antwort • Danke und viele Grüße

Hallo,
ich heiße Laura und bin …

Im Brief oder in der E-Mail macht man nach der Anrede ein Komma, dann schreibt man klein weiter.

2 Mailpartner gesucht – Antwort bekommen!

a Lest die E-Mail. Ein Computervirus hat einige Teile kaputt gemacht. Schreibt die Mail richtig ins Heft. Der Kasten hilft.

> Außerdem spiele ich auch sehr gerne • danach gleich meine Hausaufgaben • ist älter als ich und Lisa ist jünger • Außerdem haben wir • schreibe ich etwas über mich • Sie ist schwarz und • und es gibt Mittagessen • und ich komme • Von Montag bis Freitag • machst du in deiner Freizeit

```
Hallo …,
mein Name ist Dominik ✄ ✉ ★ aus Österreich. Ich wohne in Graz. Ich gehe in
die achte Klasse. Ich habe deine E-Mail-Adresse von Daf-Partner bekommen.
Am besten ◎ ✉ ⇦ ⊘ ☊: Ich habe zwei Schwestern, Anna und Lisa. Anna
✹ ▱ ◈ ✉ ✄ ◈ ✹ ▱. ◗ ☋ ▷ eine Katze. ❖ ✹ ■ ✄ heißt Minka. Sie ist jetzt
fünf Jahre alt und sehr faul. Sie liegt fast immer bei uns auf dem Sofa.
↳ ▶ ˥ ◀ habe ich fast immer bis zwei Uhr Schule, dann komme ich nach Hause
✄ • ♠ ↻. Meistens mache ich ◊ ✛ ◆ ⌀. Am Nachmittag treffe ich mich oft mit
Freunden. Meine Hobbys sind Fußball spielen und klettern. ◗ ˥ ✉ ● ↗ ⤳ mit
Freunden Computerspiele.
Was ↘ ↻ ➡ ⇈ ☺? Hast du Geschwister?
Ich freue mich auf eine Antwort von dir.
Viele Grüße und bis bald
Dominik
```

Hallo, mein Name ist Dominik und ich …

b Macht einen Steckbrief von euch. Notiert daneben Sätze wie in Dominiks Mail und in 1d.

Name: Lea → Mein Name ist Lea.
Alter: … → Ich bin …

c Schreibt eine Antwort an Dominik.

Hallo Dominik,

Die Radtour

3 Drei Nachrichten

2.43

a Macht die Bücher zu und hört die drei Nachrichten auf den Anrufbeantwortern. Macht Notizen.

	Wer?	Wo?	Was?
Nachricht 1	Timo		

b Vergleicht eure Notizen mit eurem Nachbarn / eurer Nachbarin und ergänzt sie.

c Seht die Karte an. Zu welcher Nachricht in 3a passt die Karte? Wo machen die beiden anderen Anrufer ihre Radtour?

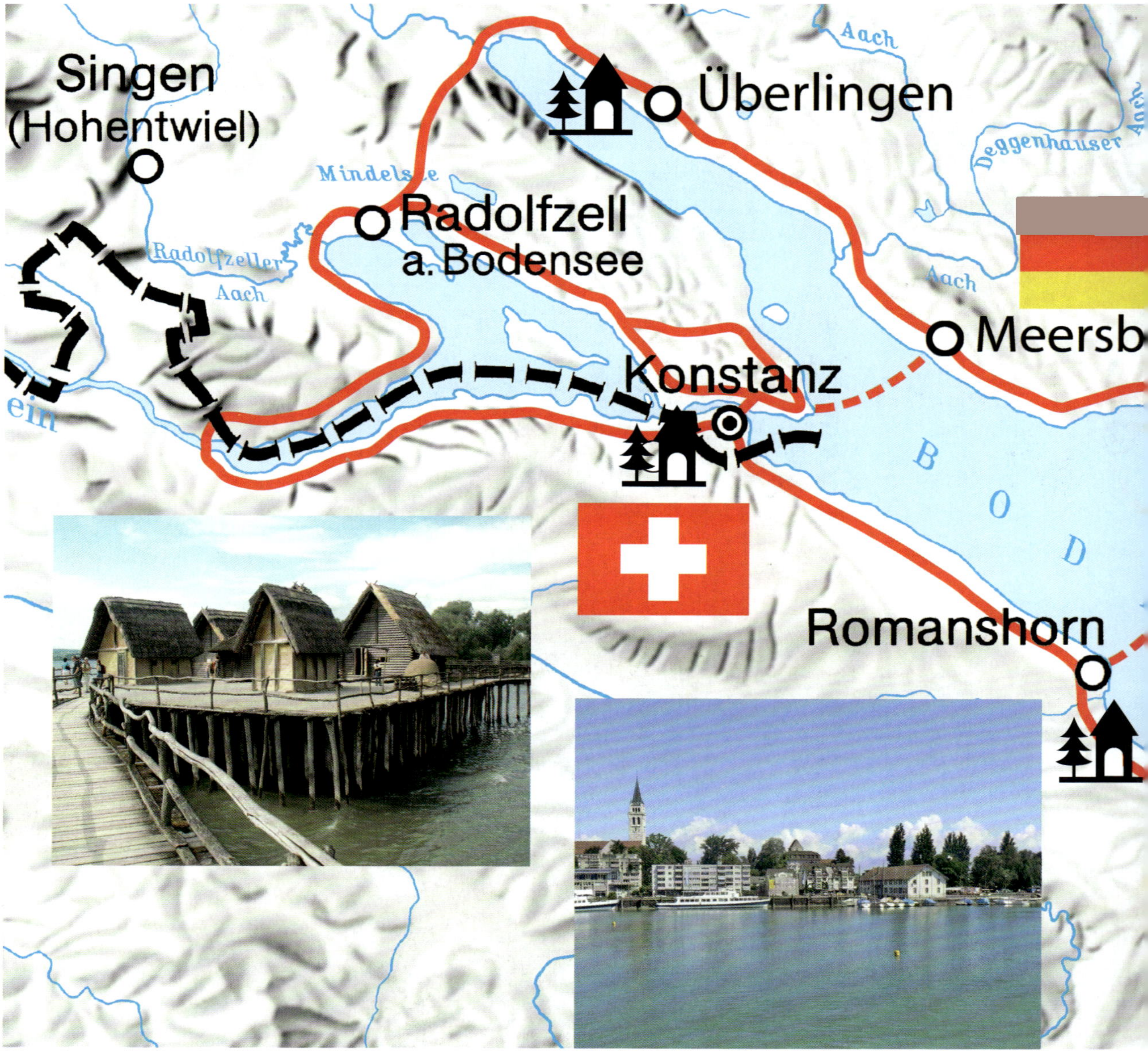

d Macht drei Gruppen: A, B und C.

Gruppe A: Recherchiert im Internet. Wie viele Kilometer sind es rund um den Boden- see? Wie viele Tage braucht man mit dem Rad? Welche Sehenswürdigkeiten gibt es? Macht Notizen oder eine Tabelle.

Tour: <u>Rund um den Bodensee</u>
Kilometer insgesamt: ca. 220 km
Tage: 7–8
<u>Sehenswürdigkeiten</u>
Friedrichshafen: Aussichtsturm, Schloss, Schlosskirche
Lindau: ...

Gruppe B: Recherchiert im Internet. Wie viele Kilometer sind es von Passau nach Wien? Wie viele Tage braucht man mit dem Rad? Welche Sehenswürdigkeiten gibt es an der Donau? Macht Notizen oder eine Tabelle.

Gruppe C: Recherchiert im Internet. Wie viele Kilometer sind es von St. Moritz nach Innsbruck? Wie viele Tage braucht man mit dem Rad? Welche Sehenswürdigkeiten gibt es? Macht Notizen oder eine Tabelle.

e Sucht im Internet Fotos von den Sehenswürdigkeiten und macht Plakate mit euren Ergebnissen. Stellt eure Plakate in der Klasse vor.

Quellenverzeichnis

U2   © Polyglott Verlag GmbH; München

S. 8   1. mediacolor's Bildagentur, Zürich
        2. Supraphoto.com
        3. shutterstock/iofoto
        4. Corbis
        5. shutterstock/NoXstar

S. 9   Dieter Mayr
        1. christiaaane_pixelio.de
        2. Marianne-Hauck_pixelio.de
        3. Dieter-Schütz_pixelio.de

S. 10   AGE fotostock

S. 12   Stefanie Dengler

S. 17   von oben nach unten:
        Stephanie-Hofschlaeger_pixelio.de
        Angela Kilimann

S. 20   alle Fotos: Dieter Mayr

S. 24   mauritius images

S. 28   Associated Press

S. 29   Getty

S. 30   A. Sabine Reiter
        B. Peter Galbraith - Fotolia.com

S. 36/37 Foto Loreley Dirk-Schmidt_pixelio.de
        Rheintalkarte arttec
        Rheinverlauf Polyglott

S. 38   1. Getty
        2. Getty
        3. Getty
        4. Getty
        5. Associated Press
        6. Getty

S. 42   Usain Bolt: Corbis; Segelfisch: Arco Images; Delfin:
        shutterstock/Tom C Amon; Paul Biedermann: Getty;
        Gepard: shutterstock; Schildkröte: shutterstock;
        Jeanne Louise: Getty; Javier Sotomayor: Corbis

S. 45   alle Fotos: Dieter Mayr

S. 46   Dieter Mayr

S. 52   Dieter Mayr

S. 54   Dieter Mayr

S. 56   Angela Kilimann

S. 57   Paul Rusch

S. 60   alle Fotos: Dieter Mayr

S. 66   1 creative commons Underneath-it-All
        2 cinetext

S. 67   3 Getty
        4 creative commons FlorianK

S. 68   Angela Kilimann

S. 69   bilderbox - Fotolia.com

S. 72   korkey_pixelio.de

S. 76   alle Fotos: Dieter Mayr

S. 77   Dieter Mayr

S. 78   Dieter Mayr

S. 80   1. Ullstein Bild
        2. Gabi-Schoenemann_pixelio.de
        3. Günter Wicker (Photur) – Berliner Flughäfen
        Meridiana
        4. Zoologischer Garten Berlin Aktiengesellschaft
        5. Schild: Dieter-Schütz_pixelio.de, Hauseingang:
        Sandra-Krumme_pixelio.de
        6. Beggert_pixelio.de

S. 82   Dieter Mayr

S. 83   Sarah Fleer

S. 86   alle Fotos: Dieter Mayr

S. 87   alle Fotos: Dieter Mayr

S. 88   Cordula Schurig
        Angela Kilimann

S. 96/97 1 H.-J. Kürtz
        2 Mirko-Boy_pixelio.de
        3 Jens Meyer
        4 Eisriesenwelt GmbH
        5 shutterstock/Kitch Bain
        6 Bergbahnen Mayrhofen
        7 GNU freie Lizenz
        8 sophie berclaz – Fotolia.com
        9 Nicolai-Fleckenstein_pixelio.de
        10 dpa/picture-alliance

S. 99   Langenscheidt Bildarchiv

S. 100 alle Fotos: Stefan Strelow

S. 101 1. Dario Sabljak – Fotolia.com
        2. iStockphoto
        3. Clay-Ballard – Fotolia.com
        4. www.filastockphoto.com_pixelio.de
        Dieter Mayr

S. 102 Anmeldung: ISO K°-photography – Fotolia.com;
        Krankenwagen: Hartmut910_pixelio.de; Apotheke:
        Viktor-Mildenberger_pixelio.de; Pflaster, Salbe,
        Hustensaft, Tablette: shutterstock; Rezept:
        Kirchmaier-Gilg – Fotolia.com; Wartezimmer,
        Sprechstunde: Angela Kilimann; Versicherungskarte:
        Claudia-Hautumm_pixelio.de;

S. 104 Telefon mit Wählscheibe: Marius Hasnik – Fotolia.
        com; altes Handy: Thomas – Fotolia.com; CD-Player:
        graham tomlin – Fotolia.com; alter Fernseher: dudek
        – Fotolia.com; LPs: Angela Kilimann; Plattenspieler:
        sk8a – Fotolia.com; altes Radiogerät: DeVIce –
        Fotolia.com; kleines Küchenradio mit CD-Player:
        iStockphoto; Walkman: iStockphoto; alter Computer:
        Corbis/Bettmann; Nintendo: Warren Millar – Fotolia.
        com; VHS-Kassetten: iStockphoto; Spielkonsole:
        Terex_Fotolia.com

S. 105 Caro

S. 112 von links nach rechts: pixelio.de;
        shutterstock/Roxana Gonzalez;
        shutterstock/PT Images;
        Langenscheidt Bildarchiv

S. 113 alle Fotos: Sibylle Freitag

S. 114 von links nach rechts: Caro
        Wim Woeber / FreeLens Pool

S. 118 FutureDigitalDesign – Fotolia.com
        1. wikimedia creative commons – Magnus Manske
        Maskottchen: picture-alliance

S. 119 2. shutterstock
        3. Paul Rusch
        4. shutterstock
        St. Gallener Stadtlounge: wikimedia – public domain

S. 120 iStockphoto

S. 126 Radwegkarte: Geobasisdaten © Landesamt für
        Geoinformation und Landentwicklung Baden-
        Württemberg (www.lgl-bw.de)
        Pfahlbauten: Gerhard Köhler – Fotolia.com
        Romanshorn: Chris-Sigrist_pixelio.de

S. 127 Friedrichshafen: Tourismus Friedrichshafen
        Lindau: martin-ostheimer_pixelio.de
        Seebühne: Pegas_pixelio.de